우리 야구장으로 여행갈까?

우리
야구장으로
여행갈까?

초판 1쇄 펴낸 날 | 2013년 5월 3일

지은이 | 김은식
사　진 | 박준수
펴낸이 | 홍정우
펴낸곳 | 브레인스토어

책임편집 | 신미순
디자인 | 최희선
일러스트 | 오주연
마케팅 | 한대혁, 정다운

주소 | (121-894)서울시 마포구 서교동 381-36 1층
전화 | (02)3275-2915~7
팩스 | (02)3275-2918
이메일 | brainstore@chol.com
블로그 | http://blog.naver.com/brain_store
트위터 | https://twitter.com/brainstorepub
페이스북 | http://www.facebook.com/brainstorebooks

등록 | 2007년 11월 30일(제313-2007-000238호)

ⓒ 김은식, 박준수 2013
ISBN 978-89-94194-37-0 (13980)

*이 책은 저작권법에 따라 보호받는 저작물이므로 무단전재와 무단복제를 금하며, 책 내용의 전부 또는 일부를 이용하려면 반드시 저작권자와 브레인스토어의 서면 동의를 받아야 합니다.
*값은 뒤표지에 있습니다.
*잘못 만들어진 책은 구입하신 서점에서 바꾸어 드립니다.

우리 야구장으로 여행갈까?

김은식 쓰고 **박준수** 찍다

bs
브레인스토어

프롤로그

    스포츠가 주는 매력의 한 면은 확실히 지켜보는 이들로 하여금 애매하고 구질구질한 삶으로부터 잠시 벗어날 수 있게 해주는 단순함, 담백함, 깔끔함에서 비롯된다. '더 빨리, 더 높이, 더 강하게'를 외치며 온몸과 정신의 힘을 하나의 목표지점을 향해 짜내는 선수들의 모습을 보며 한 번도 그렇게 단순하게 몰입해본 적이 없던 산만한 삶 저편 '순수의 시대'를 느낄 수 있게 해주는 것이다. 하지만 동시에 우리가 경기장을 찾게 되는 또 하나의 이유는 각자의 삶을 꼭꼭 눌러 압축한 것 같은 우여곡절, 그리고 희로애락으로부터 나오기도 한다. 예컨대 생각지 못한 미묘한 꼬임에 걸려 넘어지거나, 단 한 치의 모자람을 넘지 못해 수년간의 피땀을 물거품으로 날려버린 이들의 눈물을 통해 새삼 떠올리게 되는 숱한 실패와 패배와 좌절의 안타까운 기억들 같은 것 때문에 승부가 이미 갈려버린 그라운드에서 눈을 떼지 못하는 순간처럼 말이다.

    물론 그 두 가지 매력이 늘 칼로 자른 듯이 나누어지는 것은 아니다. 단순하고 치열한 열정의 끝에서도 언제나 승부는 갈리는 법이고, 아무리 최선을 다하는 것에 의미를 둔다 하더라도 그렇게 날카롭게 나뉘어선 승리와 패배 앞에서 무덤덤할 수 있는 승자도, 패자도 결코 있을 수 없기 때문이다. 하지만 그중에서도 후자의 매력, 즉 매 순간 삶을 돌아보고 곱씹고 되돌아 스스로의 삶을 위로하고 비평하고 채찍질하는 재미에 눈 뜬 이라면 결코 야구장을 외면할 수 없을 것이다. 야구란 다른 어떤 종목의 스포츠와도 비교될 수 없을 만큼 능청맞고 잔인하게 삶을 재연하며, 가리키고, 마음을 뒤흔들기 때문이다.

예컨대 매 걸음 온몸의 근육과 세포의 마찰과 경련과 호흡을 느끼는 것이 마라톤이고, 그래서 마라톤은 매 순간 포기하고 싶고 주저앉고 싶은 자신의 한계와 싸우며 번민해야 하는 삶의 축소판이라고 한다. 하지만 그 마라톤 역시 하나의 목표만 바라보며 혼신의 힘을 다해 달려 나가면 된다는 점에서는 지나치게 단순하다. 반면 야구는 어떤가? 투수는 타자와 승부하면서 동시에 주자의 발을 살펴야 하고, 야수들의 움직임을 감지해야 하며, 포수와의 의사소통에 실수하지 말아야 한다. 타자 역시 투수의 공을 기다리며 상대와 자신의 강점과 약점, 그리고 경기상황을 종합해 예측하고 판단하고 결심해야 한다. 그래서 시속 150킬로미터의 강속구보다는 일부러 속도를 죽여 시속 100킬로미터에도 미치지 못하는 슬로우 커브로 홈런타자의 방망이를 헛돌게 할 수 있고, 때로는 홈런보다 짧은 안타 하나, 아니 차라리 안타보다도 번트 하나로써 상대 수비진에 더 깊은 치명상을 입힐 수 있는 것이 또한 야구다. 야구야말로 여러 방향, 여러 순간, 여러 가지 방법으로 성공과 실패가 엇갈리는 우리의 삶이 가진 알 수 없는 곤혹스러움과 매력을 그대로 보여주는 스포츠가 아닐까?

그래서 나는 삶의 잔가지들 속에서 눈이 침침해질 때면 야구장으로 간다. 거기서 세 시간 남짓 압축된 시공간 속에서 혼신의 힘을 다해 승부를 겨루는 이들을 보며 호흡을 가다듬고, 가슴속의 날을 세운다. 2호선 지하철을 타고 종합운동장역에 내려 지상으로 오르는 계단에서부터 이미 진을 치고 김밥, 꽈배기, 얼음물 따위를 들이미는 상인들 틈을 비집고 올라와 출입구까지 경기장 담장을 따라 걷는 순간부터 가슴은 요동을 치기 시작한다. 프로야구가 출범하던 해 개장한 그 야구장은 이제 그럭저럭 30년의 구력을 쌓으며 '한국야구의 메카'라는 별명에 어울리는 중후한 맛을 낸다. 거듭 증축하고 보강해 웅장한 자태를 뽐내기 때문이 아니다. 요즘 부쩍 소녀 팬들의 수가 늘어났음을 보여주듯 벽면 곳곳에 빼곡하게 낙서된 LG 트윈스의 젊은 미남 선수들의 이름들 사이로, 어느새 서울을 떠나고 야구장을 떠나고 기억 저편으로 사라져간 십수 년 전 유망주라 불렸던 이들의 흐릿해진 이름이 가끔 눈에 띌 때가 있어서다. 흘러가는 세월의 흔적이 남고 쌓이고 드러나는 곳. 그러고 보면 개발광풍시대를 너무 길게 이어가고 있는 대한민국, 그것도 그 심장부 서울에서 세월의 향기를 느낄 수 있는 곳이 야구장 말고 또 얼마나 되겠는가?

야간경기가 벌어지는 날, 경기가 시작되고 잠실야구장의 조명탑에 불이 켜지는 순간마다 나는 늘 '이륙'이라는 단어를 떠올린다. 그리고 나는 대폭발 직전의 행성을 탈출하는 마지막 우주선에 운 좋게 몸을 실은 망명객이 되어 유쾌한 나른함을 음미한다. 조명탑에서 쏟아져 내리는 불빛은 그 바깥 어둠의 세계로부터 야구장을 온전히 격리하며, 그 불빛을 받아 더욱 푸르게 살아나는 그라운드의 잔디는 내가 살아가는 세상에서 한 번도 실감한 적이 없는 차라리 비현실적일 정도로 싱그러운 흥분을 가슴속에서 솟구치게 한다. 그렇게 세 시간, 너무도 간단하고 분명하게 세상으로부터 격리되는 공간과 그 속에서 순식간에 한 목소리로 엮이는 3만여 명의 동승자들.

그중에서도 사실 경기가 시작되기 몇 시간 전부터 자리를 선점하느라 전쟁이 벌어지는 곳은 물론 내야석이고, 그것도 응원단상 바로 앞의 몇 줄이다. 그곳은 응원팀의 타자들이 순서대로 타석에 들어서기 전 연습배트를 붕붕 휘두르며 지인이라도 찾아왔는지 틈틈이 던지는 눈길이 꽂히는 곳이며, 불펜 투수들이 어깨를 슬슬 달구며 피 말리는 종반 승부를 준비하는 긴장을 함께 느낄 수 있는 곳이다. 그래서 마운드에 선 투수가 던지는 공의 빠르기를 눈으로 확인할 수 있는 곳이고, 쭉쭉 뻗은 치어리더의 현란한 춤을 감상하며 세 시간 내내 몸을 흔들어 흥을 낼 수 있는 곳이다.

하지만 지극히 개인적인 생각으로는, 그곳에서 볼 거라면 야구가 축구나 농구와 다른 점은 과연 무엇일까 싶은 것이다. 돌돔이나 다금바리쯤 되는, 흔히 기회가 오지 않는 비싼 생선회를 먹을 때면 마늘에 쌈장에 깻잎 향까지 한데 묶어서 씹어 넘기기가 아까워 살짝 간장에만 담가 맛과 향과 식감을 음미하듯, 야구장에서는 야구의 매력을 그대로 곱씹을 수 있는 자리가 따로 있다는 것이 나의 생각이다.

그래서 야구장에서 내가 즐겨 찾는 곳은 외야석 한가운데쯤이다. 양 팀의 내야응원석에서 가장 멀리 떨어져 있는 곳이면서 야수 여덟 명의 등과 포수의 얼굴을 바라보는 곳이기도 하다. 응원의 열기와는 가장 멀리 떨어져 있는 데다가 경기 외적인 볼거리도 별 게 없고, 보너스로 공 한 개 주워갈 가능성도 가장 적은 곳. 게다가 잠실야구장의 외야석은 야구의 인기가 하늘을 찌른다는 요즘에도 주말이 아니고는 채우지 못할 만큼 광활하다. 그래서 타석에서, 혹은 본부석에서 마주보면 외야석은 거대한 병풍처럼 시야를 가로막은 벽처럼 느껴지게 된다. 하지만 반대로 외야석에 앉아 그라운드를 내려다보면 그리스나 로마의 원형극장에서 무대를 내려다보는 것처럼 한 손에 잡힐 듯 안겨드는 풍경이 포근하고 여유롭다.

어쨌든 잠실야구장의 외야석은 특별한 관심사가 모일 것 없는 평일이면 혼잣말을 중얼거려도 주위 사람 이목 신경 쓸 필요도 없을 만큼 한적한 곳이다. 하지만 그 멀찍한 곳에서 비로소 야구는 본질을 드러내며, 나는 그 황량한 곳에서 승부 안쪽의 따스한 온기를 느낀다.

내야석에서 보는 야구는 역동적이다. 선수들은 짧고 잦게 움직이며, 승부는 한 치의 차이에서 갈리곤 한다. 예컨대 기습번트 타구는 달려 나오는 1루수와 1루를 메우기 위해 달리는 투수가 엇갈리는 선 뒤로 삼십 센티미터쯤 더 파고들어야 하며, 그렇다고 2루수가 잡을 만큼 길어서도 안 된다. 하지만 그런 절묘한 타구를 굴리고도 무사히 1루를 밟을 수 있는 선수는 한 팀에 서너 명을 넘지 않는다. 늘 1루에서의 삶과 죽음은 비디오 화면을 극단적으로 느리게 돌려야만 분명하게 드러나며, 그런 순간의 사건을 조금의 지체도 없이 판정해야 하는 심판은 시력뿐만 아니라 육감마저 짜내야만 한다. 그뿐인가? 짧게는 2초 안에 투수와 타자와 세 명의 내야수가 손을 바꾸는 병살 플레이를 본부석에서 보다가 거대한 '핀볼' 게임기를 작동시키는 듯한 착각을 느낀 것도 한두 번이 아니며, 투수의 눈빛과 근육의 떨림까지 가늠하며 허를 찌르는 도루 타이밍에 침 삼키는 타이밍을 잃고 난데없이 사래가 들어 콜록거린 적 역시 한두 번이 아니었다. 하지만 그것이 야구가 가진 매력의 전부는 결코 아니다.

반대로 외야에서 느끼는 야구는 느리고, 심지어 적막하며, 길고, 하지만 크다. 외야수는 대개 '딱' 하는 타격음이 들리는 순간 제자리에서 움찔움찔 두어 걸음을 옮기는 것이 대부분의 일과이며, 심지어 한 경기 내내 단 한 번도 공을 만져보지 못한 채 짐을 챙기는 경우도 벌어지곤 한다. 물론 그들의 앞으로 공이 날아온다 하더라도 내야수처럼 매 순간 팽팽한 긴장을 느끼지는 않는다. 대개 그들은 둥실 떠서 느릿느릿 흘러드는 플라이볼을 상대하며, 안타 타구라 하더라도 그들의 앞에 도달할 때쯤이면 이미 날이 무뎌져 통통 굴러드는 것을 안정적으로 무릎 꿇고 집어 올려 2루쯤에서 기다리는 중계요원에게 넘겨주면 충분하다. 그래서 외야수들의 몸이 느끼는 가장 큰 부담은 매 이닝 더그아웃에서 자기 수비위치까지 수십 미터를 달려야 하는 것일 뿐이다.

하지만 그렇다고 외야수가 볼보이의 다른 이름이라는 것은 아니다. 잦은 일은 아니지만, 한 경기에 보통 서너 번쯤은 야수가 전력질주를 해야 하며, 또 서너 번쯤은 전력투구를 해야 한다. 외야의 좌중간, 혹은 우중간을 날카롭게 가르거나 펜스를 넘어갈 듯 말 듯한 타구가 터져 나오는 순간이다. 그런 경우 타구를 땅에 닿기 전에 잡아내거나, 최소한 펜스 앞까지 굴러가기 전에 걷어내 적절한 베이스까지 정확하고 강하게 연결한다면 큰 것 한 방을 터뜨리며 치솟던 상대팀의 기세에 찬물을 끼얹을 수 있으며, 최소한 팀의 붕괴를 막을 수는 있기 때문이다. 그래서 거대한 곡선을 그리며 수십 미터를 날아온 하얀 공을 향해 사냥개처럼 몸을 날리는 우아한 다이빙 캐치의 거친 숨소리를 느낄 수 있는 것도 외야석이며, 펜스에 가로막힌 채 한 치 건너 떨어지는 홈런타구를 바라보며 주저앉는 외야수의 절망감을 호흡할 수 있는 것도 외야석이다.

그래서 오랜 기다림 끝에 외야수가 질주하는 순간은 대개 그 경기의 절정이거나 분수령이며, 두 팀의 선수들과 팬들의 마음이 일시에 거대하게 요동치는 장면이 된다. 그리고 그런 외야수들의 폭발적인 움직임 속에 승부는 뜨고 지며, 바로 그 순간 양쪽 더그아웃과 내야로부터 밀려온 희열과 좌절의 물결이 마주쳐 소용돌이치는 곳이 바로 외야 중앙석이기도 하다. 바로 그렇게 싸늘한 정중동의 긴장 속에 문득 굵은 선이 그어지는 순간 이상 야구의 본질이 응축되는 대목을 따로 짚을 수가 있을까?

그래서 내가 생각하는 외야석 최고의 메뉴는 '치킨과 맥주'가 아니다. 내야석에서야 때리면 한 모금, 맞으면 또 한 모금 홀짝이다가 공수교대를 하는 틈을 타 닭다리를 뜯어대며 수다를 떨어가는 재미가 쏠쏠한 줄을 알고 있다. 하지만 숨죽이고 찌의 움직임을 기다리는 낚시꾼의 심정으로 고요함 속의 움직임을 가늠하는 외야석에서 맥주를 마실 마음의 틈은 쉽게 드러나지 않는다. 그래서 외야석으로 향할 때 챙기는 간식은 커피다. 잘 내려진 커피 한 잔이라면 고요함의 순간에는 한 줄기의 향으로, 치열함이 휩쓸고 간 여백에서는 한 모금의 맛으로 동행할 만한 친구가 된다.

그렇게 커피 한 잔과 함께 웅크리고 숨죽이는 세 시간이 흐르면 이내 우주선은 다시 지구별에 착륙하고, 듬성듬성 불이 내려지는 조명탑을 등지고 마주하는 세상은 새삼 무심하다. 다이빙캐치의 절박함도, 장외홈런의 의기양양함도 찾아볼 수 없는 무표정과 '호랑이'나 '사자', '거인'이나 '비룡' 같은 거창한 이름이 민망해지는 소소함이 채우고 있는 거리의 공기는 '어서 현실로 돌아와 밀린 일을 해치우라'며 내 마음을 재촉하기도 한다. 하지만 피 말리는 승부를 원경으로 음미한 내공은 삶의 닦달에 조급하게 쫓기지 않을 배짱이 된다. 진짜 승부처는 아직 오지 않았다는, 그래서 함부로 힘과 감정을 소모하지 말고 조심스레 어슬렁거리며 전력질주의 순간을 준비해야 한다는 사실을 몸으로 느끼며 긴 숨을 쉬게 된다.

기껏해야 한 시간, 지하철로 닿을 수 있는 곳에 그 우주선의 이륙장이 있다. 그곳에 봄부터 가을까지 일주일에 여섯 번, 쉬지 않고 뜨고 내리는 바지런한 우주선이 있다. 그리고 그곳에는 흥겨움도 있고, 짜릿한 희열도 흥미진진한 승부의 호기심도 있다. 하지만 그 우주선 맨 뒤편의 호젓한 곳에 자리를 잡는다면 야구와 삶이 이어지는 연결선의 가장 단단한 고리를 쥐고 응시할 기회가 생긴다. 그래서 야구를 즐기는 동시에 삶을 돌아보고 음미하는, 가볍지 않은 사색과 휴식의 기회를 얻을 수 있다. 아는 사람만 아는 이야기고, 들을 만한 사람만 들을 법한 이야기지만 말이다.

김은식

사진가 박준수의 글

 2012년 한국프로야구는 700만 관중 시대를 맞이했다. 프로야구의 인기가 뜨거워질수록 야구장의 풍경도 다채로워졌다. 야구장은 어느덧 가족들이, 연인들이, 친구들과 직장 동료들이 함께 찾는 문화공간으로 자리 잡았고, 삼삼오오 짝을 지어 '치맥'을 즐기며 경기를 관람하는 모습은 이제 더 이상 낯설지 않다. 흔히 야구를 America's pastime(미국인의 여가활동)이라고 하는데 이쯤 되면 Korea's pastime이라고 불러도 손색이 없지 않을까.
 책을 준비하면서 전국의 주요 구장을 드나들며 자연스럽게 다양한 사람들을 만났다. 하나같이 야구와 야구장의 매력에 흠뻑 빠진 사람들이었다. 무엇보다 그들은 야구를 사랑했고 그들의 팀을 사랑했다. 그 유쾌하고도 간절한 열정의 순간들을 사진으로 기록했다. 야구장은 선수들의 환희와 좌절, 팬들의 함성과 탄식이 공존하는 커다란 연극무대 같았다. 삶의 희로애락이 야구장에 있었다.
 확실히 야구장에서 야구를 보는 것은 TV를 통해 야구를 보는 것과는 또 다른 재미가 있다. 취재와 보충취재를 위해 여러 번 야구장을 왕래하면서 야구를 더 좋아하게 된 것 같다. 사진은 그곳에 카메라를 들고 가서 셔터를 누르지 않으면 담을 수 없다. 취재를 하면서 고생도 많이 했는데 책이 나온다니 감회가 새롭다. 작년 한 해 동안 발품을 팔아가며 사진으로 담아낸 야구장의 구석구석이 글과 함께 색다른 재미를 주었으면 하는 바람이다.

취재에 도움을 주신 조주현 님, 안제섭 님을 비롯한 미투데이와 트위터 친구분들과 구단 관계자 여러분, 그리고 사진의 촬영과 사용을 흔쾌히 허락해주신 전국의 야구팬 여러분들께 진심으로 감사드린다.

2013년 5월
또 다른 멋진 시즌을 기대하며
박준수

차례

프롤로그 _ 04

사진가 박준수의 글 _ 12

#1 매일 야구경기가 벌어지는 한국야구의 중심
    서울 잠실야구장 _ 16

#2 야구열기로 찜질하는 야구의 심장
    부산 사직야구장 _ 46

#3 끝없이 진화하는 한국 야구장의 오늘과 내일
    인천 문학야구장 _ 84

#4 최고 기업, 최강 구단의 아픈 손가락
대구 시민야구장 _ 114

#5 민주화의 성지, 해태 전설의 고향
광주 무등야구장 _ 144

#6 원년 우승의 추억을 품은 야구장 리모델링의 모델
대전 한밭야구장 _ 168

#7 21세기 야구열풍의 부산물, 아파트 옆 야구장
서울 목동야구장 _ 194

#8 거친 전설의 도시를 물들인 '마린블루'의 새물결
창원 마산야구장 _ 214

#9 경기도 야구의 새로운 도전
고양야구장과 수원야구장 _ 236

#1
매일 야구경기가
벌어지는
한국야구의 중심
서울 잠실야구장

보통 잠실야구장으로 가려면 서울 지하철 2호선 종합운동장역에서 내려서 6번 출구로 나가는 것이 정석이다. 잠실야구장의 입장권을 판매하는 매표소들과 내야석으로 통하는 출입구가 모두 그쪽에 있고, 또 야구장에 들어가기 전에 간단한 요기를 하거나 경기 관전 중에 야식이나 안주 삼아 먹을 햄버거, 치킨세트 따위를 준비할 수 있는 식당이나 패스트푸드점들도 대개 그쪽으로 줄지어 서 있기 때문이다. 퇴근 후 정신없이 회사 문을 나서서 달려오고도 벌써 2회 말쯤, 혹은 3회 초쯤이나 진행될 무렵에야 도착한 야구장 앞에서 담장 너머 들려오는 환호성 소리에 '득점일까, 실점일까' 신경이 곤두서곤 하는 평일 저녁에는 어렵겠지만, 어쩌다가 생각보다 일찍 도착해 5분이나 10분쯤 일행을 기다려야 하는 주말 오후라면 한 번쯤은 5번 출구로 나가보는 것도 좋다.

잠실야구장의 외야석 바로 너머쯤을 향해 열려 있는 종합운동장역 5번 출구 쪽에는 탄천을 가로질러 잠실과 강남을 잇는 테헤란로를 등지고 놓여 있는 비교적 한산한 벤치들 몇 개가 있고, LG 트윈스가 운영하는 기념품점이 있으며, 또 그쪽으로 죽 걸어가면 간혹 야구장 안팎으로 드나드는 선수들이나 유명 선수 출신 해설위원의 사인을 받기 위해 기웃거리는 젊은이들을 만날 수 있는 본부석 출입구에도 이를 수 있다. 하지만 그 전에 5번 출구를 바로 나섰다면, 그 앞 어디쯤 바닥을 한 번 유심히 훑어볼 필요가 있다. 그곳 보도블록들 사이에 미리 알고 신경 써서 찾아보지 않으면 보기 힘든 자그마한 동판 하나가 박혀 있는데, 야구팬들이라면 한 번쯤 찾아서 기념촬

영이라도 해둘 만한 가치가 있는 것이기 때문이다. 바로 2000년 5월 4일, 두산 베어스의 김동주 선수가 롯데 자이언츠의 외국인 투수 에밀리아노 기론이 던진 공을 받아쳐 무려 150미터를 날린 끝에 그 자리에 떨어뜨려 놓았음을 기념하는 동판이다.

주요 부문 개인타이틀을 획득한 것은 2003년에 차지했던 타격왕 한 번뿐이었지만, 3할 대를 웃도는 통산 타율과 300개에 육박하는 통산 홈런, 또 1,000개를 훌쩍 넘는 통산 타점을 기록하고 있는 사나이. 열다섯 시즌 이상 별다른 기복 없이 최정상급 타자의 자리를 지켜온 김동주를 대한민국 프로야구 역사상 가장 뛰어난 오른손 타자 중의 한 사람으로 꼽는 데 이

견을 가진 사람은 거의 없을 것이 분명하다. 하지만 종합운동장역 5번 출구 앞에 박혀 있는 동판이 야구팬이라면 누구나 한 번쯤 찾아볼 만한 가치를 가졌다고 하는 것은 김동주라는 선수가 가지는 의미 때문이 아니다. 바로 그 홈런이 대한민국 역사상 가장 거대한 야구장인 잠실야구장에서 기록된 최초이자 최장거리의 장외홈런이며, 바로 그래서 객관적인 근거를 통해 입증할 수 있는 한 한국역사상 가장 먼 거리를 날아간 홈런이기 때문이다.

잠실야구장은 우리나라에서 가장 큰 야구장이다. 홈플레이트에서 가장 먼 가운데 담장까지의 거리가 125미터이고 가장 가까운 페어지역의 양쪽 끝 담장까지의 거리가 100미터에 달하며, 담장의 높이도 2.6미터로 우리나라 야구장들의 평균치를 넘는다. 그리고 관람공간에도 2만 7천여 개의 좌석이 마련되어 있는 것을 비롯해 입석까지 합하면 5만 명의 관중을 수용할 수 있다(물론 실제로 5만 명을 입장시킨 일도 없고 그래서도 안 되지만, 1982년 야구장 완공 당시에는 '5만 관중 수용이 가능한 야구장'으로 홍보되기도 했다). 그래서 타자가 서는 타석으로부터 장외홈런을 만들어내기 위해 넘겨야 하는 외야석 바깥 담장까지의 거리는 140미터에 달하며, 지상 3층까지 꾸며진 가장 높은 홈플레이트 뒤쪽 외벽의 높이는 어지간한 구식 건물 10층짜리와 맞먹는 37미터에 이른다.

한국이 이런 거대한 야구장을 가지게 된 것은 1982년이었다. 그해 서울에서 열리게 된, 그리고 올림픽과 월드컵이 아직 열리지 못했던 그때로써는 '한반도에서 열리는 단군 이래 최대 규모의 국제 스포츠제전'이었던 제27회 세계야구선수권대회를 치르기에 동대문에 있던 서울야구장은 너무 작고 초라하고 낡았다고 생각했기 때문이다. 그래서 1980년 4월부터 총 126억 원의 공사비를 투입해 공사를 벌였고, 2년 4개월 만인 1982년 7월 15일에 완공함으로써 한국야구의 잠실야구장 시대가 막을 올렸던 것이다.

잠실야구장의 외형은 한국의 전통악기인 장구의 형상을 본떠 곡선과 비정형의 멋이 강조된, 당시로써는 혁신적인 디자인이었다. 그리고 본부석의 대부분과 1, 3루 쪽 내야석의 절반 이상이 지붕에 덮여 있어 눈비와 햇살을 피할 수 있는 관중친화적인 설계였다. 그래서 지금도 빗속에서, 혹은 폭염 속에서 경기가 치러질 때 선수들이야 어쩔 수 없지만 관중들은 어떻게든 비와 햇볕을 피할 수 있는 방법이 있다는 점도 잠실야구장의 커다란 매력 가운데 하나로 꼽히고 있기도 하다.

어쨌든 그렇게 완공된 1982년 7월 15일 이후, 잠실야구장은 한국야구 역사의 중심이 되어왔다. 완공된 다음 날인 16일부터 17일까지 이틀 동안에는 그해 대통령배 고교야구대회와 청룡기 고교야구대회에서 각각 결승에 올랐던 부산고와 경북고, 군산상고와 천안북일고를 초청해 그해 고교야구의 왕중왕을 가리는 '우수고교초청야구대회'를 개장기념 경기로 치렀고, 그 대회 두 번째 날에 치러진 결승전에서는 6회 말 선두타자로 나선 경북고의 유격수 류중일이 부산고 투수 김종석으로부터 좌측 담장을 살짝 넘어가는 솔로홈런을 때려내며 잠실야구장 개장 1호 홈런의 역사를 썼다.

그 공을 잡은 관중은 잠시 후 숨을 헐떡이며 달려와 '이 홈런 공을 때린 게 내 아들놈인데, 기념할 수 있도록 넘겨주시면 감사하겠다'고 사정하는 류중일 선수의 아버지에게 흔쾌히 공을 넘겼다. 그래서 역사적인 잠실야구장 1호 홈런공은 그 홈런을 때려낸 류중일 선수가 직접 소장할 수 있게 됐다.

많은 사람들이 기억하는 것은 1호 홈런을 때린 류중일이었지만, 정작 그날 우승의 감격은 부산고의 것이다. 그 승리의 주역은, 류중일에게 홈런을 맞기도 했지만 연장 10회 초에 직접 타석에서 2루타를 날리며 4 대 3의 대역전극을 이끈 부산고 에이스 김종석이었다. 김종석은 뒷날 롯데 자이언츠에 입단해서 투수로 활약하기도 했다.

한국시리즈
7차전 끝내기 홈런

　2009년 한국시리즈는 SK 와이번스와 기아 타이거즈의 대결로 이루어졌다. 그리고 정규시즌을 2위로 통과한 뒤 플레이오프에서 두산 베어스에게 먼저 두 판을 내주고도 세 판을 내리 이기며 대역전승을 거두고 올라온 SK 와이번스는 인천 문학에 3만여 석을 갖춘 대형 야구장을 보유하고 있었지만 정규리그 우승팀 기아 타이거즈는 13,400명밖에 수용하지 못하는 낡은 무등야구장을 홈으로 사용하고 있었다. 그래서 한국시리즈 1, 2차전은 광주에서, 3, 4차전은 인천에서 치른 뒤 5, 6, 7차전은 잠실야구장에서 치르게 됐다. 2만 5천 석 미만의 구장을 홈으로 보유한 팀이 한국시리즈에 올랐을 때는 5, 6, 7차전을 잠실에서 치른다는 KBO의 규정 때문이었다.

　1, 2차전은 기아, 3, 4차전은 SK가 각각 승리한 데 이어 5, 6차전에서도 각각 1승씩을 가져가며 팽팽한 균형을 이룬 채 돌입한 7차전. 그 역시 SK가 5 대 1까지 앞서갔지만 6회와 7회에 각각 기아에 2점씩을 내주며 동점을 이루는 칼끝 같은 승부가 이어졌다. 하지만 마침표는 어이없을 만큼 순식간에 찍히고 말았다. 9회 말, SK의 구원투수 채병용이 무심코 몸 쪽 높은 코스로 던진 직구를 기아의 나지완이 받아쳐 좌측 외야 스탠드 중단에 꽂으며 질기고 치열했던 승부가 한순간에 막을 내리고 말았던 것이다.

　그 홈런은 한국시리즈 역사상 세 번째 홈런(1994년 1차전 연장 11회 말 김선진의 솔로홈런 이래)이었고 그중 시리즈를 끝낸 '이중의 끝내기 홈런'으로서는 두 번째(2002년 6차전 9회 말 마해영의 솔로홈런에 이어)였으며, 그리고 '한국시리즈 7차전 끝내기 홈런'으로는 최초의 것이었다. 경북고생 류중일이 기록한 최초의 홈런, 두산 베어스 김동주가 기록한 최장거리 홈런과 더불어, 비록 '객(客)'인 기아 타이거즈 선수의 것이긴 하지만 잠실야구장과 함께 기록될 홈런으로 꼽을 만한 이유다.

1982년은 한국에서 프로야구가 출범했다는 점에서도 의미가 깊은 해다. 하지만 완공되고 개장기념 경기까지 치른 뒤에도 잠실야구장에서 곧장 프로야구 경기가 열리지는 못했는데, 바로 잠실야구장의 개장 목적이기도 했던 세계야구선수권대회가 그해 가을에 열려야 했기 때문이다.

  올림픽에서 아직 야구를 정식종목으로 채택하기 전이던 당시 야구종목에서 최고의 권위를 자랑하던 국제대회인 세계야구선수권대회의 제27회 대회가 잠실야구장에서 열린 것은 1982년 9월 4일부터 14일까지 열흘간이었다. 그리고 초대형 야구장을 새로 지을 만큼 거창했던 준비과정과는 다르게 그 대회에서 주최국인 한국팀은 악전고투를 거듭해야 했다. 하필 그 대회를 국내에서 개최한 그해에 갑작스럽게도 프로야구가 출범되며 기존 국가대표팀 멤버들 대부분이 프로팀으로 옮겨가 버리고 말았기 때문이다. 세계선수권대회를 유치해놓고 한창 잠실야구장이 지어지고 있던 1981년 5월부터 논의되기 시작한 프로야구가 불과 반년 만에 출범에 이르게 되는 의외의 사태가 전개되었기 때문이다.

  그래서 그때까지 국가대표팀 주축멤버들이었던 김일권, 김봉연, 김용희, 배대웅, 이선희, 황규봉, 하기룡 등이 모두 프로팀으로 빠져나가면서 대부분의 포지션을 경험이 부족한 대학생 선수들로 채워 넣어야 했다. 그 바람에 그 대회 국가대표팀은 '역대 최약체'라고까지 불려야 했고, 그런 전력상의 허점을 노출하며 대회 개막전부터 참가팀 중 최약체라고 평가받던 이탈리아에 역전패를 당하기도 했다.

  하지만 최동원, 임호균, 김재박, 이해창, 심재원, 유두열, 장효조, 김시

진 등 프로진출을 1년 유보하거나 군에 머물고 있던 고참급들과 선동열, 한대화, 박노준, 오영일 등 대학에 다니던 젊은 선수들이 조화를 이루며 우여곡절 끝에 한 단계씩 장애물을 넘기 시작했고 결국 나란히 7승 1패의 전적으로 만난 일본과의 최종전에서 사상 첫 우승을 노려볼 수 있게 됐다. 그리고 최종전에서도 일본을 만나 선발투수 스즈키의 구위에 눌려 7회까지 안타를 한 개밖에 때려내지 못하며 2 대 0으로 끌려가던 한국 대표팀은 8회 말 2사 1, 3루에서 동국대 4학년생으로 국가대표팀에 처녀 출전한 5번 타자 한대화가 때려낸 공이 왼쪽 폴대 중간쯤을 맞추면서 5 대 2의 극적인 대역전 우승에 성공하게 된다.

숙적 일본을 상대로, 패색이 짙어진 경기 막판에 이끌어낸 극적인 역전승, 그리고 그럼으로써 들어 올린 사상 첫 세계선수권대회 우승컵. 그 극적이고 감격적인 사건은 그해 출범했던 프로야구 경기에서 나온 진기명기들과 더불어 한국야구를 부흥시키는 결정적인 계기가 됐다.

그날의 감격에 더해 그 대회 우승의 주역들이 이듬해부터 프로무대로 자리를 옮겨 매일 TV에 등장하기 시작했고, 방송 역시 이제 KBS가 '한국방송공사(Korean Broadcasting System)'가 아닌 '한국야구공사(Korean Baseball System)'라는 비아냥이 터져 나올 만큼 야구에 열을 올리는 시대가 도래했다. 이제 초등학생들이 골목에서 공을 차는 것만이 아니라 던지고 때리고 잡는 즐거움에 눈을 뜨기 시작했고, 그래서 '차범근' 외에도 '김재박'과 '최동원'과 '선동열'이 그들의 우상으로 자리를 잡아가게 됐던 것이다. 물론 그해에 그렇게 야구에 눈뜬 아이들 중에서 십수 년 뒤 야구계의 지반을 뒤흔드는 박찬호, 박재홍, 정민철 같은 '전설의 92학번'이 세상에 이름을 알리기 시작하기도 했고 말이다.

잠실구장의
영구결번 기념물

　잠실야구장 1루 쪽 벽에는 41번이 새겨진 줄무늬 유니폼 등판이 걸려 있다. 바로 1999년 4월 19일, 실질적으로는 한국 프로야구 최초로 영구결번된 LG 트윈스의 투수 김용수 선수의 등번호다. 16년간 한 팀에서만 선발과 마무리를 오가며 통산 126승 227세이브를 기록했으며, 팀 역사상 두 번뿐이었던 우승을 모두 이끌며 두 번 다 한국시리즈 MVP에 선정된 위대한 투수였던 그의 업적을 기리는 의미에서, 이후 팀(LG 트윈스)의 어떤 선수에게도 41번은 내주지 않기로 한 결정이며 그것을 기념하기 위한 기념물을 야구장에 걸어둔 것이다.

　김용수를 '실질적인 최초'라고 하는 이유는 1986년에 스스로 목숨을 끊은 OB 베어스의 포수 김영신 선수의 명복을 비는 의미에서 그의 등번호 54번을 영구결번한 사례가 있기 때문이다. 하지만 그가 프로야구 선수로서 팬들이 기억해야 할 만한 특별한 업적을 남긴 선수는 아니었고, 그래서 선수로서의 업적을 기린다는 오늘날 일반적인 의미와는 다른 맥락의 사건이었기에 '실질적인' 의미를 따로 따지게 되는 것이다.

　잠실야구장을 공동 홈으로 사용하는 두산 베어스의 경우, '어쨌든 최초'의 영구결번자인 김영신을 제외하고도 또 한 명의 영구결번자를 보유하고 있다. 바로 80경기밖에 치러지지 않던 프로 원년에 무려 24승과 7세이브를 기록한 정규시즌 MVP이며 팀의 첫 우승을 이끌었던, 그리고 그 이후 여러 차례 부상의 깊은 늪에서 허우적거리면서도 결국 재기해 1995년 팀의 두 번째 우승까지 기여한 뒤 멋지게 유니폼을 벗은 감동 드라마의 주인공 '불사조' 박철순이다. 박철순이 은퇴한 지 5년 만인 2002년 4월 5일, 두산 베어스는 그해의 시즌 홈 개막전이었던 그날 기아 타이거즈와의 잠실 경기에 앞서 영구결번식을 거행했다. 하지만 그의 등번호 21을 기념하는 기념물은 아직 야구장 안에 설치되어 있지 않다.

잠실야구장이 개장한 3년 뒤인 1985년에는 부산 사직동에, 그리고 20년 뒤인 2002년에는 인천 문학동에 역시 3만여 명의 관중을 수용할 수 있는 대형 야구장이 문을 열었다. 하지만 여전히 잠실은 다른 어느 야구장으로도 비교할 수 없고 대체할 수 없는 한국야구의 중심이다. 여전히 한국에서 가장 넓은 그라운드를 자랑한다는 점에서도 그렇고, 수도 서울의 중심부에 자리하고 한국 프로야구의 가장 중요한 역사를 함께해왔다는 의미에서도 그렇지만, 유일하게 두 개의 프로팀이 입주해 공동 홈구장으로 사용하고 있으며, 따라서 가장 많은 경기가 열리는 곳이라는 점에서도 그렇다.

1983년부터 잠실야구장의 주인이 된 것은 서울 연고의 프로야구팀인 MBC 청룡이었다. 프로야구가 출범한 첫해인 1982년에는 세계야구선수권대회를 위해 자리를 내주느라 동대문야구장에 자리를 잡았지만, 대회가 끝나자 곧장 잠실로 옮겨와서 홈구장으로 삼았던 것이다.

그리고 프로야구 출범 당시의 약속대로 1985년부터 서울지역의 공동 연고권을 가지게 된 OB 베어스도 역시 서울로 상경한 첫해에는 동대문야구장에서 1년을 머문 뒤 1986년부터 잠실로 이주해 공동 홈구장으로 이용하기 시작했다. 그리고 지금은 각각 그 두 구단을 계승한 LG 트윈스와 두산 베어스가 역시 공동 홈구장으로 잠실야구장을 이용하고 있다. 야구장 정문으로 들어서면 오른쪽에는 두산 베어스, 왼쪽에는 LG 트윈스의 구단 사무실이 입주해 있다.

프로야구는 기본적으로 각 팀이 해마다 홈경기와 원정경기를 각각 60~70여 차례씩 치르도록 일정이 짜인다. 그래서 일 년 중 절반 정도는 홈구장에서 경기를 치르며 나머지 절반은 다른 팀들의 홈으로 원정을 가서 경기를 하게 된다. 따라서 두 팀이 잠실야구장을 홈구장으로 이용한다는 것은, 프로야구 시즌이 계속되는 동안에는 그곳에서 거의 매일 경기가 열린다는 의미가 된다. 두 팀 중 한 팀이 원정을 나간 동안에는 다른 한 팀이 홈경기를 가지게 되곤 하기 때문이다.

　게다가 잠실야구장은 정규시즌이 아닌 때에도 쉬지 않는다. 전반기와 후반기 사이에 선수들이 약 일주일가량 휴식 시간을 가지게 되는 '올스타 브레이크' 때도 가장 많은 경기를 치르는 곳이 잠실이다. 1983년을 시작으로 2011년까지 모두 12번의 올스타전이 잠실에서 치러졌기 때문이다. 그리고 정규시즌이 마무리되고 최종 우승팀을 가리기 위한 열전을 치르는 포스트시즌 기간에도 역시 잠실은 쉬지 못한다. 잠실구장을 홈으로 사용하는 두 팀 중 최소한 한 팀도 포스트시즌에 진출할 가능성은 그리 높지 않은데다가(8개 구단 체제로 운영된 2012년까지, 각 팀이 포스트시즌에 진출할 가능성은 50퍼센트씩이기 때문이다), 혹시 두 팀 모두 포스트시즌 진출이 좌절된다고 해도 '한국시리즈를 치르는 두 팀의 홈구장 수용인원이 2만 5천 명에 미달할 경우 5, 6, 7차전은 잠실야구장에서 치른다'는 규정이 있기 때문이다. 다시 말해 한국시리즈에 LG, 두산, 롯데, SK가 아닌 팀이 진출하고, 또 어느 한 팀이 4연승으로 마무리하지 못하는 한 역시 잠실에서 결전을 치를 수밖에 없게 되어 있다는 것이다(이 규정은 해마다 조금씩 바뀌고 있으며, 지방 구단들이 야구장을 증축하거나 신축하는 추세에 있기 때문에 조만간 폐지될 것으로 예상된다).

어쨌든 이러저러한 이유로 잠실야구장에서는 1년에 130회 안팎의 프로야구 공식경기가 치러진다. 그래서 야구장 시설이 그만큼의 경기 수를 견뎌내지 못하면서 노출하는 문제점이 드러나기도 한다. 그 대표적인 예가 전국의 야구장 중 가장 잦은 불규칙바운드를 일으켜 내야수들에게 공포의 대상이 되어 있는 내야 그라운드 상태다.

매일 야수들의 발에 다져지다 보니 흙이 단단하게 다져지고 굳어지는데다가, 경기 일정이 끊이지 않다 보니 충분한 보수의 시간을 가지기 어렵기 때문에 공이 마치 돌바닥에 튕기는 것 같은 격렬한 바운드를 일으키게 되기 때문이다.

하지만 따로 일정표 챙겨서 확인하지 않더라도, 특별히 운이 없는 경우만 아니면 언제라도 야구경기를 볼 수 있는 곳이라는 항상성과 안정성은 야구를 하나의 생활문화로 만들 수 있는 강력한 유인으로 작용하게 된다. 그래서 그것은 동쪽으로 잠실역과 롯데월드, 신천역으로 이어지는 소비상권, 그리고 서쪽으로는 테헤란로를 따라 코엑스와 역삼동 금융산업단지로 이어지는 직장인 블록과 연결되는 산업, 소비, 교통의 핵심지에 위치하고 있다는 또 다른 강점과 맞물리면서, 잠실야구장에 가장 많은 점포들이 입주하고 주변 도로에 가장 많은 노점상들이 밀집하게 만드는 이유가 된다.

양담배는
판매하지 않습니다

　야구 관람에 필요한 거의 모든 물품들은 잠실야구장 안에서, 혹은 근처에서 구입할 수 있다. 간단한 음식류는 야구장 안팎에 입주한 패스트푸드점이나 식당, 매점에서 구입할 수 있으며 LG, 두산의 기념품이나 응원용품, 혹은 어느 선수에게 사인을 받기 위해 필요한 KBO 공인구나 선수 유니폼 역시 잠실야구장을 공동 홈구장으로 이용하는 두 구단에서 운영하는 기념품점이나 야구용품점에서 준비할 수 있다(물론 가족이나 연인과 함께하는 자리가 되면서 조금 더 신경 써서 준비하고 싶다면, 전철로 한 정거장 거리의 롯데마트나 신천역 재래시장 등을 이용할 수도 있다).

　잠실야구장 인근에서 구할 수 없는 물건이라면, 아마 양담배가 유일하다고 할 수 있다. 종합운동장 지하나 잠실야구장에 입주해 있는 편의점들에서도 담배는 판매하고 있지만, 공통적으로 양담배는 판매하지 않기 때문이다. 굳이 양담배를 피워야 하는 이들이라면 기억해둬야 할 정보가 될 것이다.

오일쇼크의 폭풍이 한바탕 휩쓸고 지나갔던, 그래서 뭔가 분위기 전환이 필요했던 1970년대 중반, 마음만 먹으면 하지 못할 일이 없던 군사정부가 건설경기 부양과 서울 강남권 활성화를 일거에 이루기 위해 의욕적으로 시작한 사업이 바로 잠실 아파트단지 조성이었다. 그래서 한때 뽕나무가 뒤덮고 있었다던, 그리고 불과 3, 4년 전까지만 해도 송파강이 굽이굽이 흘러가며 땅덩이를 손바닥씩만 하게 조각내고 있던 잠실이라는 모래톱 마을에 1975년부터 1978년 사이에 2만여 채의 아파트가 집중적으로 건설되었고, 그래서 그 짧은 시간 동안 무려 10만여 명의 인구를 유입시키며 십수 년 후 한반도를 강타할 '신도시 열풍'의 본보기를 만들어냈던 것이다. 하지만 그 잠실이라는 마을이 그저 '베드타운' 이상의 색깔을 가지게 된 것은 1982년에 완공된 잠실야구장, 그리고 역시 1982년부터 시작되어 1986년에 완성된 한강정비사업 때문이었다.

사실 60, 70년대 급속산업화의 시대를 보내며 한강은 서울과 수도권 공장들의 거대한 공용 하수도로 전락했었다. 그래서 80년대 초반까지만 해도 사람들이 '한강'이라는 이름으로부터 가장 먼저 떠올리는 것은 갖가지 오폐수가 뒤섞여 만드는 잿빛과 악취였고, 당연히 가까이 하고 싶지 않은 혐오스런 환경일 뿐이었다. 하지만 1986년 아시안게임과 1988년 올림픽을 유치해놓고 보니 당장 '외국 손님들의 눈'을 생각하지 않을 수 없었고, 전두환 당시 대통령은 군인 출신 답게 과감하고도 압축적인 한강정화사업을 대대적으로 벌이기 시작했다. 1982년부터 1986년까지 이어진 '한강종합개발사업'이 그것이었다.

물론 그것은 강바닥의 자갈과 모래를 퍼올려 깨끗이 씻은 다음 다시 투입하거나 강변을 일직선으로 잘라내고 콘크리트를 부어 깔끔하게 마감작업을 하는, 그야말로 군대식인 데다가 지금 와서 생각해보면 환경과 생태에 대한 고려는 눈곱만큼도 없는 무식하기 짝이 없는 방식이긴 했다. 그리고 그 때문에 당시에는 생각지도 못했던 부작용과 역효과를 감수하게 한 무리수이기도 했다. 하지만 어쨌거나 그 4년간의 치수사업을 통해 한강은 '그저 물이 흘러가는 곳'에서 '휴일이면 돗자리랑 김밥 챙겨가서 시간을 보낼 수 있는 곳'으로 탈바꿈했다. 그리고 마침내 그 강변을 내려다볼 수 있는 자리의 집값을 몇 천 만원씩 올려놓을 수 있는 소재로 만들기 시작했던 것이다.

그래서 오늘날 역시 잠실야구장의 매력은 한강과 떼어서 생각하기 어렵다. 우선 차를 몰고 가는 날이라면 복잡하기 짝이 없는 잠실야구장 주차장 대신 계단으로 2, 3분만 걸어 내려가면 되는 탄천 주차장을 이용하는 것이 훨씬 여유롭다. 주차비도 절반 정도로 저렴할 뿐만 아니라, 경기가 끝난 뒤에 차를 타고 빠져나오는 시간도 비교적 짧다.

또한 종합운동장 바로 뒤편에 조성된 한강시민공원에서는 잔디밭을 직접 밟으며 산책을 즐길 수도 있고, 영화 〈괴물〉의 한 장면을 떠올리며 간이매점에서 파는 캔맥주 한 잔 마른 오징어 한 조각과 함께 시원한 강바람을 즐길 수도 있다.

그리고 이제는 '강'이라고 말할 수 없게 됐지만 한때는 한강의 본류에 자리 잡고 있던 당당한 포구의 유적인 석촌호수를 빼놓을 수 없다. 바로 잠실 아파트단지 조성을 위해 한강의 물줄기를 바꾸고 유수면을 매립하는 과정에서 물줄기가 잘리고 고립되어 '호수'로 전락했지만, 지금은 둘레 2.5킬로미터의 산책로와 찻집, 매점, 그리고 쇼핑몰과 연결된 놀이공원(롯데월드)까지 조성되어 있기 때문이다. 야구경기가 끝난 뒤 승리의 감격을 나누며 맥주 한 잔을 즐기고자 한다면 신천역 주변이 제격이겠지만, 좀 더 멀찍이 야구라는 복잡한 스포츠가 남기는 갖가지 여운을 음미하며 호젓하게 커피 한 잔을 함께하고 싶다면, 혹은 조용히 손을 잡고 걷고 싶은 이가 있다면 아무래도 석촌호수 쪽이 더 어울린다고 할 수 있겠다.

아울러 앞뒤로 또 다른 프로그램과 이어봐야 할 휴일이라면, 롯데월드가 차선의 선택지 몫은 충분히 되어 줄 것이다. 석촌호수와 곧바로 연결되며 백화점과 대형마트, 놀이공원과 극장과 아이스링크 등을 두루 갖추고 있는 종합 오락공간이라는 점에서 롯데월드가 가지는 위력은 상당하다. 특별하지는 않더라도, 남녀노소 모두의 욕구와 필요를 어느 수준 이상은 충족시켜줄 수 있다는 점에서, 가족 중 누군가는 희생하는 마음으로 참가해야 할지도 모를 야구 경기 관람이라는 유별난 여가활동의 무리를 중화시켜 줄 수 있기 때문이다.

Travel Sketch 잠실야구장

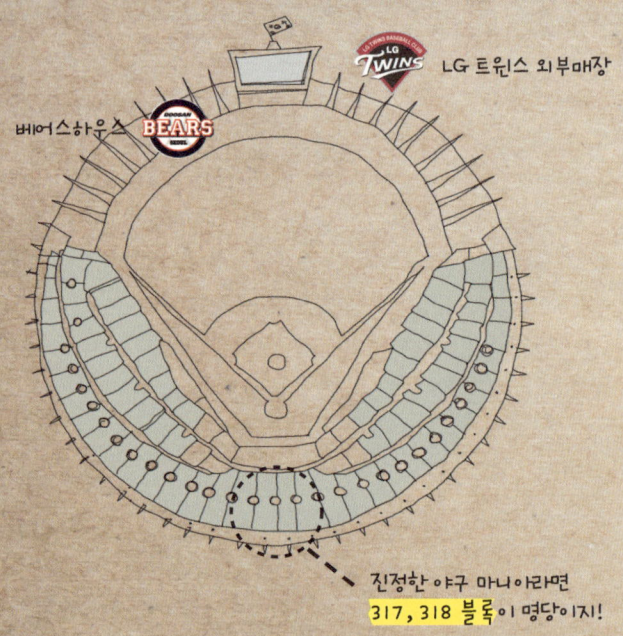

베어스하우스
LG 트윈스 외부매장

진정한 야구 마니아라면 317, 318 블록이 명당이지!

주소: 서울특별시 송파구 잠실동 10

전화번호: 1644-0211

홈구단: 두산 베어스, LG 트윈스

좌석 수: 26,606석

가는 방법: 지하철 ② 2호선 종합운동장

　　　　　버스 일반 917, 11-3

　　　　　　　간선 333, 301, 342

TICKET PRICE

두산 베어스

(단위 : 원)

권종		주중가격	주말가격
VIP석		60,000	60,000
테이블석		40,000	40,000
블루지정석		12,000	15,000
레드지정석		10,000	12,000
옐로우지정석		9,000	10,000
외야석 (자유석)	성인	7,000	8,000
	군경/청소년	5,000	6,000
	어린이/장애자/유공자/경로자	3,000	4,000

* 2013시즌 기준.

LG 트윈스

(단위 : 원)

좌석명	입장권가격		LG 트윈스 성인회원		LG 트윈스 어린이회원	
	주중	주말/공휴일	주중	주말/공휴일	주중	주말/공휴일
프리미엄석	70,000		동일가격		동일가격	
테이블석	40,000					
블루석	12,000	15,000	10,000	13,000	6,000	7,500
레드석	10,000	12,000	8,000	10,000	5,000	6,000
옐로우석	9,000	10,000	7,000	8,000	4,500	5,000
그린석(외야)	7,000	8,000	5,000	6,000	무료입장	

* 2013시즌 기준.

MUST EAT

- 야구장 간식계의 스테디셀러 KFC 치킨과 맥주.
- 국내 야구장 중에서 가장 맛있기로 소문난 떡볶이.

    * 맥주 사는 법
    방법 1. 곳곳에 위치한 편의점에서 캔맥주를 산다.
    방법 2. 야구장 1층에 있는 생맥주 매장을 이용한다.
    방법 3. 맥주가방(?)을 들고 좌석 주변을 돌아다니는 청년에게 생맥주를 구입한다.
    방법 4. 바구니를 이고 좌석 주변을 돌아다니는 아주머니에게 캔맥주를 구입한다.

MUST DO

- 잠실야구장 첫 장외홈런 기념 동판 찾기.
- 잠실야구장 1루 쪽 벽에 있는 영구결번 기념동 앞에서 사진 찍기.
- 종합운동장 뒤에 조성된 한강시민공원 산책하기.

AFTER GAME

- '식신로드'에 소개될 정도로 유명세를 타고 있는 불타는 곱창에서 쫄깃한 곱창과 소주 한 잔으로 경기 뒤풀이하기.

    * 불타는 곱창
    위치: 서울시 송파구 잠실동 204
    전화번호: 02-424-3392
    인기메뉴: 모듬구이

박준수 작가의 여행 TIP

잠실구장은 국내 최대의 위용을 갖추고 있지만, 80년대 초에 지어진 건물인 만큼 군데군데에서 그 시대 특유의 권위주의가 읽힌다. 특히 외야석과 홈플레이트 쪽 3층 옐로우 지정석은 계단이 가파르고 좁은데다 동선이 불친절하다. 하지만 외야석 뒤편과 3층 지정석 맨 위에는 돗자리를 깔고 가족 혹은 친구끼리 먹거리를 즐기며 응원을 하는 팬들을 심심치 않게 볼 수 있다. 친목활동이나 여유 만끽이 목적인 경우 외야석 뒤편을 추천한다. 베어스 홈경기가 열리는 날이면 1루 응원석 208번 지정석에는 어김없이 '열혈남아형제'들이 등장한다. 보기와는 다르게(?) 친절한 분들이니 기념촬영을 요청해보자. 서울의 물가는 타 도시에 비해 비싸지만, 지하철 요금, 택시 기본요금 등은 상대적으로 저렴한 편이다. 하지만 길이 엄청나게 막히기 때문에 가급적이면 대중교통을 이용하자. 지하철 2호선 종합운동장역은 강변 버스터미널에서 가깝다. 강남 고속터미널에서 찾아가는 경우라면 교대역에서 환승해야 한다.

#2
야구열기로
찜질하는
야구의 심장
부산 사직야구장

부산 사람이라면 사직야구장으로 가는 길을 모를 리 없을 것이다. 그리고 부산 사람이 아니라면, 대개 사직야구장을 찾아가는 길은 부산역에서 시작될 것이다. 실제로 요즘에는 서울을 비롯한 외지인들에게도 한 번쯤 사직야구장에서 야구경기를 관전하는 것이 '성지순례'까지는 아니더라도 일종의 '문화체험'쯤은 되는 것으로 인식되는 경향이 생기고 있다. 그래서 해마다 수만 명의 야구팬들이 부산역 광장에 내려서서 머뭇거리며 행인들에게 사직구장으로 가는 길을 묻고 있기도 하다. KTX 열차를 타면 서울역에서 부산역까지 2시간 40분 안팎에 도착할 수 있는 시대가 됐고, 또 부산의 야구문화라는 것이 여름휴가 기간에 기왕 부산의 바닷가를 중심에 두고 짜는 여행 계획의 한 대목에 넣을 가치가 충분할 만큼 신선하고 화끈한 것으로 평가받고 있기 때문이다.

부산역에서 사직구장으로 향하는 대중교통편은 버스와 지하철로 나누어 볼 수 있다. 그중 한 번 정도 갈아타고 한 시간쯤 달리면 닿는 버스 노선들도 여러 개 있지만, 그보다는 지하철을 이용하는 것이 조금 더 빠르고 편리하다. 부산지하철 3호선 '사직역(1번 출구)'이나 '종합운동장역(9번 출구)'에서 하차하면 되는데, 그렇게 지하철을 이용할 경우 부산역에서부터 사직야구장 입구에 이르기까지 대략 40분 정도를 예상하면 크게 어긋나지 않는다.

사직야구장은 사직역과 종합운동장역 중간쯤에 위치하고 있다. 그래서 어디서 내리든 600미터가량을 걸어가야 하는 것은 마찬가지다. 그나마 매표소와 출입구에 직접 닿기에는 사직역이 약간 가깝다고 할 수도 있지만 중간에 마트에 들러 음식이나 물건들을 사야 한다면 종합운동장역에서 내리는 것이 좋다. 종합운동장역 9번 출구로 나와 300미터가량 직진하면 대형마트(홈플러스 아시아드점)를 만날 수 있기 때문이다.

하지만 어느 쪽에서 내리든 야구경기가 열리는 날이라면 야구장을 찾아가는 길을 찾기는 어렵지 않을 것이다. 큰길을 따라 세워진 표지판 안내도 잘 돼 있는 편이지만, 멀리서부터 늘어서 있는 노점상들이 그대로 야구장으로 향하는 길을 표시하고 있을 것이기 때문이다. 물론 그렇지 않더라도 저마다 입고 메고 들고 있는 유니폼과 갖가지 응원용품들로 '롯데 자이언츠 경기 보러 간다'는 표시를 내며 걷는 이들의 기나긴 행렬 속에 파묻히게 될 것이기 때문에 두루 별 걱정을 할 필요는 없을 것이다.

부산까지 야구경기 관람을 위한 원정을 떠나는 길은 대개 혼자보다는 동행이 있는 경우가 많다는 점까지 생각하면, 간편하게 택시를 이용하는 것이 합리적일 수도 있다. 부산역 앞 택시승차장에서 줄을 서서 택시를 타면 사직야구장 입구까지 1만 2천 원 안팎의 요금이 나오게 되는데, 대략 30분, 막히지 않는 시간이면 20분 정도면 닿을 수 있다. 하지만 대개 초행길에 버스나 지하철의 정확한 탑승지를 찾는 데 걸리는 시간, 그리고 혹시라도 노선을 거꾸로 타서 시간을 허비하게 될 위험성 등까지 생각하면 택시를 통해 절약할 수 있는 시간은 좀 더 많아질 수도 있다.

부산이 대한민국 제2의 도시인 것과 마찬가지로 사직야구장 역시 대한민국 제2의 야구장이라고 흔히 불리곤 한다. 사직야구장은 잠실야구장보다 3년 늦은 1985년 10월에 우리나라의 두 번째 '3만 석 규모 야구장'으로 완공되어, 그 이전까지 부산야구의 대명사였던 구덕야구장의 역사를 이어받았다. 하지만 어떤 기준에서는 사직야구장이 오히려 잠실야구장을 앞서 '대한민국 최고'의 자리에 오르기도 한다.

최근에는 곳곳의 야구장이 오히려 좌석 수를 줄이고 있는 추세다. 과거에 빼곡히 붙어 있던 의자들 사이의 간격을 조금씩 늘이거나 테이블석, 커플석 같이 더 넓은 공간을 차지하는 고급화된 좌석의 비중을 늘려가면서 벌어지는 일들이다. 그래서 관중석 수가 많다는 것이 꼭 그 야구장의 '규모가 크다'거나 조금이라도 더 나은 수준의 야구장이라는 점을 알려주는 것은 아니다. 하지만 어쨌든 현재 사직야구장은 오히려 잠실야구장보다도 1,000석이 많은 28,000석의 관중석을 구비하고 있다는 점에서 '국내 최대'를 자처해도 크게 틀린 것은 아니다. 하지만 그보다 더 사직야구장이 자랑스러워해 마땅한 것은 단일팀 기준 최다관중 입장기록을 보유하고 있다는 점이다.

한국야구의 첫 번째 중흥기였던 1995년에 LG 트윈스가 잠실야구장에 126만 4,762명을 불러 모으는 기록을 세운 바 있었다. 하지만 두 번째 중흥기가 시작됐다고 할 수 있는 2008년에는 롯데 자이언츠가 사직야구장에 137만 9,735명을 불러 모으며 그 기록을 깨뜨렸고, 이듬해인 2009년에는 138만 18명을 불러들여 다시 한 번 자기 기록을 갱신하며 새로운 기록을 세우기도 했다. 물론 두 개의 구단이 홈으로 사용하고 있어 열리는 경기 수도 두 배에 가까운 잠실야구장의 총 관중규모를 따라갈 수는 없지만 우리나라에서 경기당 가장 많은 관중이 들어차는 야구장은 확실히 사직야구장이라고 할 수 있게 된 것이다.

그런 열기는 연고 구단인 롯데 자이언츠의 성적과도 밀접한 연관이 있다. 사실 부산은 1980년대 이후 한국을 대표하는 새로운 '구도(球都)'로 떠오르며 야구열기를 자랑하기도 했지만 롯데 자이언츠가 1999년에 준우승을 기록한 이후 깊은 침체기에 빠져들던 시절에는 함께 깊이 가라앉기도 했었다. 특히 롯데 자이언츠가 4년 연속 최하위의 불명예스러운 기록을 만들어낸 것을 포함해 8년간이나 하위권에서 맴돌던 시절에는 한 경기에 100명도 채 되지 않는 관중을 앉혀놓고 경기를 치르기도 했던 것이 사직야구장이었다. 하지만 롯데 자이언츠는 2007년 시즌 후 한국야구 역사상 최초로 외국인 감독 제리 로이스터를 영입하고 정수근, 홍성흔 같은 고액 FA 선수들을 영입하는 등의 대대적인 체질개선을 시도한 끝에 2008년부터 5년 연속으로 포스트시즌에 진출하는 반전을 이루어냈고, 부산 팬들이 그에 적극적으로 화답하며 연일 매진사례를 만들어내기 시작한 것이다.

사직야구장은 가장 많은 관중석을 보유하고 있고, 또 외형적으로도 규모가 큰 야구장이다. 하지만 얼핏 보기와는 달리 '경기공간', 즉 그라운드는 오히려 작은 편에 속하는 야구장이다. 홈플레이트에서 중앙 펜스까지의 거리는 118미터, 좌우측 펜스까지의 거리는 95미터에 불과한데, 이것은 각각 잠실야구장보다 7미터와 5미터가 짧은 것이다. 다른 야구장들과 비교해도 좌우측 펜스까지의 거리는 가장 짧은 수준이며 특히 중앙 펜스까지의 거리도 프로야구 경기가 열리는 주경기장 중에서 114미터에 불과한 대전 한밭야구장을 제외하고는 가장 짧다. 보조경기장까지 포함해도 청주야구장만이 그보다 작은 구장에 추가될 뿐인데, 그나마 2013년 시즌부터는 대전야구장이 대대적인 리모델링 공사를 통해 확장됨에 따라 사직야구장은 '가장 좁은 그라운드를 가진 프로야구 1군 주경기장'이 될 것이 확실해졌다.

(잠실야구장에 비해) 펜스까지의 길이가 평균적으로 5미터쯤 짧다는 것은, 외야수 각자가 책임져야 하는 공간의 면적이 대략 15퍼센트 정도씩 줄어든다는 의미가 된다. 그렇게 되면 외야수들이 불필요하게 멀리 물러나서 수비할 필요가 없어지게 되고, 그래서 내야수와 외야수, 외야수와 외야수 사이의 간격을 좁히면서 타자를 더욱 압박할 수 있게 된다. 그래서 굳이 특별히 강한 어깨가 아니라도 외야수들이 주자들을 송구로 잡아내는 일이 자주 벌어지는 것 역시 사직야구장의 특징이다.

하지만 그렇다고 해서 사직야구장이 '가장 홈런이 쉽게 만들어지는' 야구장인 것은 아니다. 펜스가 가깝긴 하지만 높이는 우리나라에서 가장 높은 4.8미터에 달하기 때문이다. 그래서 낮게 깔려서 날아가는 '라인드라이브형' 타구보다는 높이 떠서 날아가는 '포물선형' 타구가 좀 더 홈런이 될 가능성이 높으며, 다른 야구장에서라면 홈런이나 깊숙한 외야 플라이가 될 법한 타구들이 2루타나 3루타로 둔갑하는 사례가 상대적으로 많다.

롯데 자이언츠가 전통적으로 거포보다는 짧게 치고 빠르게 달리는 유형의 타자들(전준호, 김응국, 정수근, 김주찬 같은 선수들이 그 대표적인 예가 될 수 있겠다), 그리고 빠른 주력으로 넓은 영역을 커버하거나 레이저빔 같은 강견으로 100미터짜리 직선 홈송구를 자랑하는 '괴물' 유형보다는 펜스 플레이에 능한 지능적인 유형의 외야수들(김대익, 김종헌, 최만호, 이승화 등이 전형적이다)이 많은 팀이었다는 사실은 바로 그런 환경적인 요인으로부터도 원인을 찾아볼 수 있는 것이다.

구덕야구장

1971년, 부산 서구 서대신동에 지어진 이래 부산야구의 중심 역할을 해온 야구장이다. 화랑기 고교야구대회를 비롯해 부산지역에서 열리는 학생야구대회가 모두 이곳에서 개최되어왔으며, 일본의 대학이나 실업팀을 초청해서 치르는 한일교류전도 종종 이곳에서 열리곤 했다. 프로야구가 개막된 이후로는 1985년 시즌까지 4년간 롯데 자이언츠의 홈구장 역할을 해냈다. 물론 롯데 자이언츠가 처음으로 우승했던 1984년 한국시리즈 3, 4차전이 열렸던 곳 역시 구덕야구장이었다(3차전은 최동원의 롯데가, 4차전은 김일융의 삼성이 각각 1승씩을 챙겼다). 하지만 1985년 10월에 사직야구장이 완공되면서 이듬해인 1986년부터는 부산 지역의 프로야구 경기가 모두 사직으로 옮겨지게 됐으며, 구덕에서는 아마추어와 사회인 경기만이 열리게 되었다.

구덕야구장은 중앙 펜스까지의 거리는 110미터, 좌우측 펜스까지의 길이는 88미터에 불과하며 관중석도 15,000석에 채 미치지 못한다. 관중석이 좁고, 낡고, 잘 관리되지 못하는 것도 사실이다. 하지만 부산이 '구도(球都)'라 불리기 시작하던 시기의 역사와 기억을 고스란히 간직한 곳이며, 그래서 부산의 오랜 야구팬들은 '구덕이야말로 부산야구 문화의 고향'이라고 말하기도 한다. 원래 흙바닥이었지만 2007년에는 대대적인 개보수 공사를 통해 내, 외야에 모두 인조잔디가 깔리게 됐다.

그래서 전통적으로 롯데 자이언츠의 타선은 '똑딱이 타선' 혹은 '소총부대'라고 불려왔다. 큰 것 한방보다는 연달아 터지는 단타와 기습적인 주루플레이로 점수를 뽑아내는 플레이스타일을 가리키는 말들이다. 하지만 그런 가운데서도 롯데 자이언츠에서 '대한민국 역대 최고 수준의 거포'가 배출되기도 했으니, 그가 바로 이대호다. 2001년에 경남고를 졸업하고 투수로서 입단했지만 어깨 부상을 계기로 타자로 전향한 이대호 선수는 2004년부터 붙박이 주전멤버로 활약해왔다. 특히 194센티미터에 130킬로그램을 웃도는 거대한 체격, 그리고 그 체격에 어울리지 않는 유연함에서 나오는 힘과 정확성을 겸비한 타격이 그의 특별한 점이다. 특히 2006년에 0.336의 타율, 26개의 홈런, 88개의 타점을 기록하며 타격 3관왕에 오른 데 이어 2010년에는 세계 최초의 9연속경기 홈런을 성공시키는 동시에 홈런, 타율, 타점, 안타, 득점, 장타율, 출루율 등 도루를 제외한 공격 전부문을 석권하는 '7관왕 신화'를 달성하기도 했다. 단지 '롯데 자이언츠 역사상 최고'의 거포에 그치지 않고 '한국 프로야구 역사상 최고'의 거포 중 한 명으로 이름을 올리게 된 것이다.

이대호는 FA 자격을 얻은 2012년부터 일본 프로야구로 무대를 옮겨 곧장 퍼시픽리그 타점왕에 오르는 활약을 이어갔고, 그래서 당분간은 사직야구장에서 그의 모습을 보기 어렵게 됐다. 하지만 그의 존재감을 확인할 수 있는 기념물을 사직야구장 담장 너머 바닥에서 찾아볼 수 있다. 역시 일부러 마음먹고 찾지 않으면 눈에 잘 띄지 않을, 야구장과 그 앞 광장 왼쪽 주차장과의 사이쯤 바닥에 새겨진 동판인데, 2007년 4월 21일에 현대 유니콘스의 투수 정민태를 상대해 때려낸 비거리 150미터짜리 홈런공이 떨어진 자리를 표시한 것이다. 원래 당시 경기 기록원은 비거리를 130미터로 기록했었지만, 청원경찰 두 명을 포함한 목격자 4명의 증언을 통해 확인한 낙구지점까지의 실측 거리는 151미터였다. 하지만 역시 실측거리로는 152미터였음에도 불구하고 오차 가능성을 감안해 150미터로 공인했던 김동주의 잠실구장 장외홈런의 전례에 따라 KBO의 공식 공인기록은 150미터의 타이기록으로 확정되었다.

그 홈런은 사직야구장이 지어진 이래 처음으로 기록된 장외홈런이었다. 그리고 이대호는 그 3년 뒤인 2010년 8월 20일에도 두산 베어스의 투수 홍상삼을 상대로 비거리 145미터가 기록된 또 한 번의 장외홈런을 때려내며 그해 자신의 40호째 홈런 기념물로 만들기도 했다. 거기에 그 이듬해인 2011년 6월 4일에 원정팀 LG 트윈스의 포수 조인성이 롯데 자이언츠의

외국인 투수 라이언 사도스키를 상대로 공식 비거리 135미터를 인정받은 또 하나의 장외홈런을 기록한 것까지 더해, 2012년 시즌까지 사직야구장에서 생산된 장외홈런은 모두 세 개가 됐다.

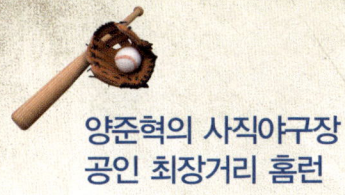

양준혁의 사직야구장
공인 최장거리 홈런

　2013년 시즌에 들어가기 전까지, 사직야구장 장외홈런은 이대호가 두 개, 조인성이 한 개를 기록한 것이 전부다. 하지만 그 세 개의 장외홈런이 나오기 전에도 이미 사직야구장 최장거리 홈런 기록은 150미터였다. 1997년에 이곳으로 원정을 왔던 삼성 라이온즈의 양준혁 선수가 때려낸 공이 우측 외야석 제일 윗부분에 꽂혔고 그것이 계속 뻗어나갔다면 150미터쯤은 날아갔으리라는 판단을 당시 경기 기록원이 내렸기 때문이었다.

　하지만 실제로 장외홈런이 나오고 그 비거리에 대한 실측 결과가 나오게 된 마당에 그 결과와 비추어보자면 채 장외로 나가지도 못한 홈런에 매겨진 150미터라는 기록은 조금 과한 것이라는 의견도 종종 제기되고 있다. 물론 단지 담장을 넘겼느냐 아니냐와 무관하게 홈런타구의 속도와 각도에 따라서 실제 비거리는 차이가 날 수도 있다. 그리고 높이 떴다가 살포시 가라앉은 타구보다는 낮은 각도로 강하게 뻗어나간 타구가 더 먼 지점에 떨어질 수 있었으리라는 추론은 충분히 일리가 있다. 문제는 '추론'으로 얻어진 판단들을 가지고 비교까지 하게 된다면 그 결과가 객관성과는 거리가 먼 것일 수밖에 없다는 점이다.

　홈런의 비거리는 대부분 불가피하게 기록원의 감각과 추론에 의존하게 될 수밖에 없으며, 따라서 그 수치간의 비교 역시 흥미 이상의 큰 의미를 부여받고 있지는 못한 것이 사실이기도 하다. 참고로 일본 프로야구 최장거리 홈런 기록은 베네수엘라 출신 알렉스 카브레라가 2001년에 도쿄돔 천장을 맞히며 175미터를 공인받았던 것이며, 미국은 1960년에 미키 맨틀이 디트로이트 브릭스 스타디움에서 기록한 172미터다. 하지만 미키 맨틀의 기록은 측정 방식과 계산(추정) 방식에 따라 편차가 큰데, 기네스북에는 같은 홈런이 193미터의 기록으로 등재되기도 했다.

경기당 관중 수가 가장 많은 야구장. 그리고 서울을 기준으로 가장 먼 거리에 놓여 있어 홈 관중들의 관중석 점유율이 높은 야구장. 거기에 더해 주민들의 감정표현과 행동이 적극적이기로 유명한 항구도시 부산에 있는 야구장. 바로 그런 조건들 속에서 사직야구장은 우리나라에서 가장 열광적이고 일방적인 응원전이 벌어지는 야구장이 됐다고 할 수 있다.

신문지 응원(미리 준비해온 신문지를 잘게 찢어 들고 흔들며 벌이는 응원. 2012년 시즌 막판부터 구단이 다른 야구장에서 일반적으로 행하는 것과 같은 막대 응원을 장려하면서 대체되고 있다. 물론 수익창출이 불가능한 응원형태에서 가능한

응원형태로 바꾸려 한다는 점에서 구단의 상업적인 의도를 곱게 보지 않는 이들도 있다), 봉다리 응원(경기 후반쯤 자율적으로 쓰레기를 모아달라는 뜻으로 구단이 나누어주는 주황색 비닐봉지에 바람을 넣어 풍선처럼 만든 다음 머리 위에 뒤집어 씀으로써 관중석을 일시에 주황색으로 물들인 채 벌이는 응원), '마' 구호(롯데 주자들에게 견제구를 던지는 원정팀 투수를 향해 일제히 '마'라고 고함을 질러 거꾸로 '견제' 하는 구호), '아주라' 구호(경기 중 파울볼이나 홈런볼이 관중석으로 들어왔을 때 그것을 잡은 이가 성인일 경우, 주위의 어린이에게 주라고 강권하는 구호) 등등.

　　사직야구장에서만 볼 수 있는 응원과 구호들뿐만 아니라 MBC 해설위원 허구연 씨가 방송 중에 '사직야구장은 세계에서 가장 큰 노래방'이라고 표현했던 것처럼, 1회 초부터 9회 말까지 거의 한 순간도 멈추지 않고 응원가와 응원구호를 합창하는 얼얼한 분위기가 그곳의 특징이다. 딱히 의학적인 효과가 입증된 바는 없지만 감기기운이 돌기 시작할 무렵 소주 한 잔에 고춧가루 한 숟가락 타서 단숨에 털어 마시고 절절 끓는 아랫목에 한 번 몸을 지지는 것으로 컨디션을 회복해본 경험이 있는 이라면, 특별히 롯데 자이언츠를 응원하거나 야구 자체를 좋아하지 않는다고 해도 사직야구장에서 그런 시청각적인 방식으로 정신적인 열탕욕을 한 번 경험하는 것으로 세상을 보는 관점이 달라지게 될 지도 모를 일이다.

사직야구장은 그라운드에서 벌어지는 야구경기 말고도 비교적 볼거리가 많은 야구장이라고 할 수 있다. 기념품점의 규모와 그곳에 구비된 물품들 역시 다른 야구장에 비해 풍성한 편이기 때문에, 사직야구장에 자주 들를 수 없는 팬들이라면 한 번 쯤은 챙겨서 찾아볼 만하다.

그리고 야구장 정면에 별도의 출입구가 있는 '자이언츠 야구박물관' 역시 사직야구장을 처음 찾는 이라면 꼭 한 번 들어가 봐야 할 곳이다. 두 번의 우승(1984년과 1992년)을 기리는 우승컵, 사인볼 등의 기념물과 함께 김용희, 최동원, 윤학길, 박정태 등 롯데 자이언츠 프랜차이즈 스타들의 손때 묻은 글러브와 유니폼 등이 전시되어 있고 역대 팬북, 역대 유니폼, 역대 선수 사인볼 등 롯데 자이언츠의 역사를 대략 훑어볼 수 있는 전시물과 영상물이 준비되어 있기 때문이다. 야구장과 더그아웃처럼 꾸며져 있는 포토존도 애교스럽게나마 추억을 남길 수 있는 공간이다. 물론 충분하다고 할 수는 없지만, 일개 구단이 구비하고 준비할 수 있는 것으로는 만만치 않은 수준이며, 무엇보다도 다른 야구장, 다른 구단에서는 준비하고 있지 못한 것이라는 점에서 높이 평가할 만하다.

사직야구장은 펜스 너머의 외야석만 자유석으로 이용되고 있으며, 본부석과 1, 3루 쪽 좌석 전체가 지정석으로 꾸며져 있다. 포수 바로 뒤쪽 프리미엄석의 입장료가 4만 원, 그 양옆의 테이블석과 가족석이 1인당 3만 원씩으로 책정되어 있는 것을 비롯해 내야를 둘러싼 좌석들 대부분을 고급화하고 있다. 그것은 물론 야구장의 입장 수익을 제고하기 위한 방편이기도 하지만, 1만 원으로 책정된 C석까지 지정석으로 전환한 것은 고질적인 '자리 맡기' 시비를 원천봉쇄하기 위한 대책이기도 하다. 몇 해 전까지만 해도 먼저 야구장에 도착한 한두 사람이 많게는 수십 개의 전망 좋고 응원단석에 가까운 '명당자리'에 미리 가방을 올려두거나 테이프를 길게 붙여 늘여놓음으로써 일행들이 앉을 자리를 맡아두는 일이 잦았고, 그래서 그런 행동에 항의하는 다른 관객과 충돌하는 일이 거의 매일 일어나곤 했기 때문이다. 내야 전 좌석 지정제가 시행된 뒤로는 그런 충돌이 상당히 줄어들었을 뿐만 아니라, 야구장에 입장하자마자 좋은 자리를 선점하기 위해 좁은 계단 사이에서 달리기 시합을 벌이는 아찔한 장면도 줄일 수 있게 됐다.

어쨌든 사직야구장은 응원문화가 발달한 곳인 만큼 역시 내야석에서 느낄 수 있는 매력이 특별히 더 크다고도 할 수 있다. 따라서 내야석에서 가장 '사직스러운' 맛을 느끼고 싶은 이들이라면 미리 사전 예약을 통해 적절한 자리를 확보하는 일이 특히 중요하다고 할 수 있다.

하지만 어디든 그렇듯 외야석 역시 경기 전체를 조망하며 다른 이들과 다른 각도에서 야구를 음미할 수 있다는 강점은 있다. 특히 목청 높여 함성을 지르며 함께 열을 내는 쪽보다는 조용히 커피 한 모금씩 홀짝거리며 분

석하거나 곱씹는 방식의 관전을 즐기는 이들이라면 일부러라도 내야석에서 멀리 떨어질 필요가 있다. 게다가 자유석으로 운영되는 사직야구장의 외야석은 1인당 7천 원의 비교적 저렴한 요금이 책정되어 있기도 하다. 구덕야구장 시절부터 부산야구를 지켜봐온 역전의 노장들이 대개 자리를 펴는 곳 역시 외야석 전광판 근처 어디쯤이기도 하다.

하지만 사직야구장의 외야석에서 야구를 보기로 마음먹을 때 각오해야 하는 것이 한 가지 있다. 따로 라디오나 DMB기기 등을 준비하지 않는다면 경기 진행상황을 알기 어려울 때가 있다는 점이다. 시즌 중 사직야구장에서는 종종 내야석 스탠드에 설치된 보조전광판을 작동하지 않는 경우가 있는데, 그럴 경우에는 투수와 타자의 기록이나 투구스피드 같이 주전광판을 봐야만 알 수 있는 데이터들은 물론이고 몇 회가 진행 중이며 양 팀이 얻은 점수는 몇 점인지와 같은 기본적인 사항들마저도 주전광판과 나란히 앉은 외야석 관중들은 확인할 길이 없어지게 되는 것이다.

또한 사직야구장은 특이하게도 전광판이 야구장 스탠드 안으로 들어와 있는 구조이며, 그에 따라 소소한 풍속도가 그려지기도 한다. 예컨대 갑자기 비가 쏟아지거나 하는 경우에는 외야석 관중들이 전광판 밑에서 비를 피하며 경기를 관전하는가 하면, 전광판 뒤쪽의 사각지역에서는 야구경기는 뒷전에 미룬 채 경기관리요원들의 눈을 피해 돗자리를 펴고 고기를 굽고 술잔을 기울이며 화투를 치는 이들의 모습이 가끔 목격되기도 하는 것이다.

사직야구장을 홈구장으로 사용하고 있는 롯데 자이언츠는 한국 프로야구가 출범한 1982년부터 단 한 번도 팀명이나 기업명을 바꾸지 않은 (삼성 라이온즈와 더불어) 유이한 팀이다. 물론 2012년 시즌까지 31년의 역사 속에서 우승 경험은 단 두 번에 불과한 반면 최하위는 무려 8번이나 경험한, 그래서 분명 '강팀'이라고 부르기는 어려운 팀이긴 하지만 나름대로 숱한 슈퍼스타들을 배출한 명문팀이기도 하다. 최동원, 윤학길, 염종석, 주형광, 손민한 등은 각각 당대 대한민국 최고로 꼽혔던 투수들이고 박정태, 전준호, 마해영, 이대호 등도 야수로서 한 시대를 대표했던 선수들이다. 물론 문제는, 늘 슈퍼스타 한두 명에 지나치게 의존하고, 그럼으로써 결국 그 선수들을 일찍 소진해버리는 약한 체질이었지만 말이다.

하지만 아직까지 그 역사 속에서 영구결번의 영광을 안은 선수는 단 한 명뿐이다. 바로 1970년대 후반부터 한국야구 최고의 에이스로 공인받은 투수였으며 1984년에는 혼자서 정규시즌 27승과 한국시리즈 4승을 만들어내며 기적적인 팀의 첫 우승을 이끌었던 최동원이 그 주인공이다.

선수회 결성을 주도한 끝에 보복성 트레이드의 제물이 되어 원치 않는 삼성 라이온즈 유니폼을 입어야 했던 두 시즌을 포함해 8년에 불과한 길지 않은 선수생활이었지만(롯데 자이언츠에서 보낸 것은 6시즌뿐이었다) 최동원은 통산 103승 26세이브, 평균자책점 2.46, 1,019 탈삼진의 대기록을 남겼다. 떠날 때도 그랬지만, 구단과는 원만한 관계를 유지하지 못했기 때문에 선수생활 말년에 은퇴만은 롯데 자이언츠로 돌아와서 하고 싶었던 소망이 무산되기도 했고, 지도자 생활을 하는 동안에도 고대했던 친정팀과의 인연은

맺지 못하기도 했다. 결국 그는 2011년 9월 54세의 이른 나이에 대장암으로 세상을 떠났다. 그리고 그 얼마 뒤인 2011년 9월 30일, 롯데 자이언츠는 팀 역사상 최초로 최동원이 달았던 등번호 11번을 영구결번으로 지정했고, 사직야구장 왼쪽 펜스에 11번을 새겨 기념하고 있다.

사직야구장은 우리나라에서 가장 번화가와 가까이 붙어 있는 야구장이라는 점도 높이 평가할 만하다. 야구경기가 끝난 뒤, 자리를 옮겨 간단히 뒤풀이를 하고자 한다면 별로 멀리 걷고 이동할 필요 없이 경기장 앞 광장을 나서서 큰길 하나만 건너면 된다. 사직야구장 맞은편 블록에도 밀면과 막국수로 유명한 〈주문진 막국수〉를 비롯해 괜찮은 식당들이 자리 잡고 있으며, 사직사거리까지 이어지는 사직북로를 따라 양쪽 블록에도 어지간한 맥줏집과 찻집들이 늘어서 있다. 비교적 접근성이 좋은 잠실야구장의 경우에도 큰 사거리를 대각선으로 가로질러 신천역 부근까지 십여 분가량 이동해야 식당가를 만날 수 있는 것과 비교하면 매우 편리하고 쾌적한 환경이라고 할 수 있다.

물론 멀리서 바다도시 부산을 찾은 이들이라면, 역시 바다를 내려다보며 생선회 안주에 소주 한 잔을 음미하고 싶을 수도 있다. 그렇다면 비교적 거리가 가까운 광안리나 해운대 해수욕장 근처를 향하는 게 기본적인 코스다. 하지만 조금 더 시간적인 여유가 있고, 그래서 조금 더 특색 있고 사연 있는 부산의 맛집들을 두세 곳이라도 집중적으로 탐방해보고 싶다면 다시 부산역 방면으로 되짚어간 다음 부산항 근처 중앙동(부산지하철 중앙역)으로 이동하는 것도 좋은 선택이다. 한국 제2의 거대도시인 만큼 부산도 곳곳에 맛집과 명소들이 늘어서 있긴 하지만 그곳이 품은 멋과 역사에 비해 요즘 점점 잊혀져 가고 있는 관록의 명소들이 그곳에 모여 있기 때문이다.

중앙동은 항구도시 부산의 태동과 함께해온 오랜 포구마을이다. 그래서 옛날 뱃사람들이 한 잔 술과 한 자락 노래로 거친 바다의 피로와 근심을 털어내던 밥집과 술집이 모여 있던 곳이다. 그리고 부산이 거대도시로 성장하기 시작한 계기가 된 6.25 전쟁 중 임시수도 시절에는 전국에서 떠밀려 내려온 예술가들이 모여들어 싸구려 백반과 반찬을 안주 삼아 온종일 소주잔을 홀짝거리며 잔인한 시대의 무게를 버텨내던 곳이기도 하다. 지금은 쇠락하고, 흩어지고, 또 포구마을이 아닌 사무실 밀집지역으로 성격이 바뀌면서 중앙동을 '부산에서 가장 개성 없는 곳'이라 부르는 이들조차 나타나고 있다. 하지만 그런 무심한 낯빛 속에서 자신만의 속맛을 찾는 것을 여행의 묘미로 삼는 이들이라면 한 번 도전해볼 만한 여행지임에도 분명하다.

부산역 근처에는 '한국식 초밥'의 진수를 보여준다는 〈왕궁회초밥〉이 들러볼 만하고, 중앙동으로 진입하고부터는 흔히들 '3대 밀면'이니 '4대 밀면'이니 하는 오버그라운드의 강자들을 향해 코웃음을 친다는 밀면계 언더그라운드의 최강자 〈사계절밀면〉과 부산에 가야 맛을 볼 수 있다는 '숙성회'의 제대로 된 맛을 볼 수 있는 〈중앙식당〉을 만날 수 있다. 숙성회는 '막 잡아서 썰어내는' 활어회와 달리 잡은 생선살을 일정한 온도에서 일정 기간 숙성시켜 꼬들꼬들한 맛을 극대화시키는 방식의 요리를 말한다. 그 밖에도 항정살과 안거미(소 등뼈와 허리뼈 사이를 잇는 근육 부위인 '토시살'의 다른 이름)라 불리는 독특한 부위의 고기를 맛볼 수 있는 〈물레방아〉가 유명하며, 모양은 없지만 맛은 최고라는 물회를 맛볼 수 있는 〈동해물회〉, B급 고기로 A급 맛을 낸다는 갈빗살의 명소 〈향수식당〉 등도 찾아볼 만하다.

그 밖에도 '부산 맛집 원정'이라는 거창한 동기에 못 미칠지 몰라도 부산 토박이들이 오랜 세월 사랑해온 맛을 경험한다는 의미로 만족할 수 있을 족발집 〈여송제〉도 있고, '부산의 마지막 주막'이라 불리는 〈부산포〉의 시락국(시래깃국의 부산말)과 홍어, 혹은 서대찜 백반에 맥주 한 잔을 곁들이는 메뉴도 고려해볼 만하다.

Travel Sketch **사직야구장**

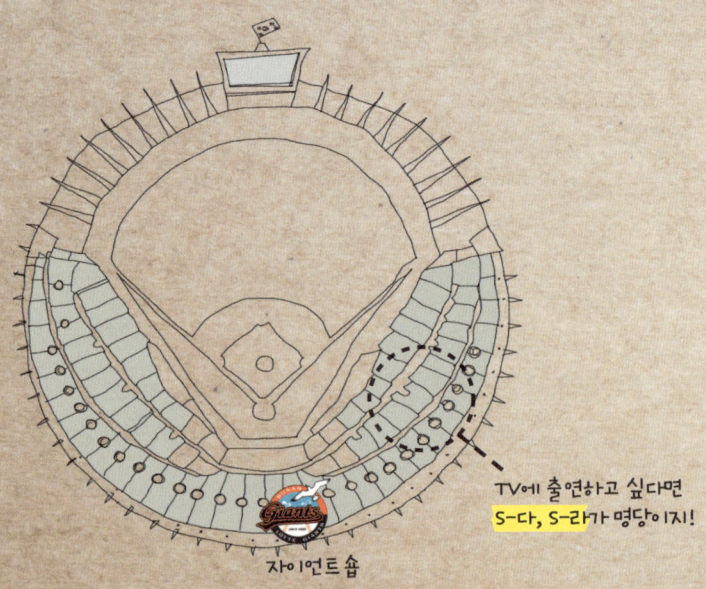

자이언트숍

TV에 출연하고 싶다면 S-다, S-라가 명당이지!

주소: 부산광역시 동래구 사직동 930

전화번호: 051-505-7422

홈구단: 롯데 자이언츠

좌석 수: 28,000석

가는 방법: 지하철 ③ 3호선 사직, ③ 종합운동장

　　　　　버스　일반 50, 111, 80, 131
　　　　　　　　급행 1002(심야)

TICKET PRICE

(단위 : 원)

구분	프리미엄석 (테이블석)	지정석 R(테이블석)	S/A	B/C	외야 자유석	커플석 (2인)	중앙 가족석 (1인당)	3루 가족석 (1인당)	익사이팅존	비고
일반	40,000	30,000	12,000	10,000	7,000	80,000	30,000	25,000	30,000	
어린이	20,000	15,000	6,000	5,000	4,000				입장불가	어린이 8세~13세
챔피언스데이	챔피언스데이 입장요금 50% 할인(500원 단위 절상) 매월 마지막 수요일 홈경기									

* 2013시즌 기준.

MUST EAT

- 강민호 99마일 치킨, 이대호 햄버거, 가르시아 샌드위치
- 전화만 하면 직접 구워서 좌석까지 배달해주는 야구장 즉석 삼겹살.
- 부산 사람이 아니라면 문화적 충격을 경험하게 되는 롯데리아의 아주라떡.

MUST DO

- 이대호 장외홈런 조형물 찾기(구장 앞 광장과 왼쪽 주차장 사이 바닥을 유심히 살펴보자).
- 사직구장 2층에 있는 '자이언츠 야구박물관' 관람하기(무료).

AFTER GAME

- 민락회타운에서 광안리 바다를 내려다보며 싱싱한 회와 함께 경기 뒤풀이 하기.
- 1970년 개업 이래 오직 복어요리로만 승부를 걸어온 금수복국에서 건강하게 한 잔.

    * 민락회타운
    위치: 부산광역시 수영구 민락수변로 1
    전화번호: 051-757-3000
    인기메뉴: 각종 회

    * 금수복국
    위치: 부산광역시 해운대구 중동1로 43번길 23
    전화번호: 051-742-3600
    인기메뉴: 복지리, 복매운탕

박준수 작가의 여행 TIP

3만여 관중이 견제구를 던지는 상대팀 투수를 향해 "마!"를 외칠 때, 그 거대하고 웅장한 공명에 전율(?)을 느껴본 사람이라면, 사직구장이 야구팬이 아니더라도 한 번쯤은 가볼 만한 명소임에 공감할 것이다. 부산 팬들의 열광적인 응원문화는 마치 종교 같은 면이 있고, 사직구장을 야구의 성지로 부르기에 손색이 없게 만든다 (물론 때때로 열정이 지나쳐 원정팀 팬들에게는 공포의 대상이 되기도 한다). 부산에서 야구는 곧 삶이다. 팬들이 일심동체가 되어 공 하나에 환호성을 지르고, 공 하나에 땅이 꺼져라 탄식을 내뱉는 곳은 사직구장밖에 없다.

부산 팬들의 응원 문화를 경험하고 싶다면 1루 쪽에 앉기를 권한다. 비가 오나, 눈이 오나 1루 관중석은 만석이다. 부산 팬들은 7회가 되면 봉지를 뒤집어쓰고 잘게 잘라낸 신문지를 흔들어 대며 부산갈매기를 열창하기 시작한다. 그렇다고 원정팀 유니폼을 입고 1루로 난입하는 만용을 부리진 말자. 일단 살아야(?) 야구도 보지 않겠는가.

롯데리아에서 판매하는 '아주라팩'은 문화충격이다. 홈플레이트 쪽 4층 자유석은 상당히 높고 가파르지만 탁 트인 시야가 매력적이다. 부산에서 회를 먹고 싶다면 광안리 민락회센터(민락어민활어직판장)을 찾아가자. 부산 사람들이 회를 먹는 곳으로 상대적으로 알뜰하게 회를 즐길 수 있다. 숙소는 교통의 중심지인 서면 부근에 잡는 것이 유리하다.

#3
끝없이 진화하는
한국 야구장의
오늘과 내일
인천 문학야구장

 전국 곳곳에서 새 야구장들이 지어지고 있으니 곧 바뀌게 되겠지만, 어쨌든 2013년을 기준으로, 프로야구 주경기장 중에서 대한민국 최고의 시설을 갖춘 야구장은 단연 인천의 문학야구장이라고 할 수 있다. 내, 외야 그라운드와 파울존까지 거의 빈틈없이 파랗게 깔려 있는 국내 최고 수준의 천연잔디에 보기에도 깔끔한 검은 흙으로 이루어진 내야 다이아몬드존. 그리고 잠실야구장과 비슷한 27,877개의 좌석이지만 회식과 더불어 쾌적한 단체관람이 가능한 40개의 스카이박스와 파티덱, 바비큐존, 그린존(잔디밭 관람석)과 원두막 등 다른 야구장에서는 보기 어려운 다양한 콘셉트와 시설로 꾸며진 특별좌석들. 게다가 꼭 야구경기에 집중하지 않더라도 야구장 자체를 즐길 수 있도록 준비된 어린이 놀이시설(와이번스랜드와 모노레일 등)과 스포츠 체험시설(SQ체험관 등), 여성전용편의시설(파우더룸, 수유실 등) 등을 두루 누릴 수 있는 곳. 경기장의 안이건 밖이건, 어떤 기준에서도 문학구장에 비할 수 있는 곳은 아직 우리나라 안에는 없다.

문학야구장이 그런 훌륭한 여건을 갖출 수 있었던 이유는 두 가지로 나누어 생각할 수 있다. 첫째는 현재 프로야구 경기가 열리는 국내의 모든 주경기장들 중에서 가장 늦게 지어진 새 야구장이라는 점이고, 둘째는 문학야구장을 홈구장으로 사용하고 있는 SK 와이번스가 2007년부터 야심차게 추진하고 있는 '스포테인먼트' 정책의 일환으로 야구장과 그곳에서 즐길 수 있는 문화 자체를 상품으로 만들려는 다양한 노력을 적극적으로 기울여 온 결과라는 점이다.

문학야구장은 1994년에 시작된 인천광역시의 '문학종합경기장 건립사업'의 한 부분으로 지어졌다. 종합경기장 건설은 1999년에 인천에서 치르기로 예정되어 있던 제80회 전국체육대회를 위한 준비로서 처음 시작된 것이었는데, 얼마 뒤 한국이 일본과 공동으로 2002년 월드컵을 유치하기로 결정되자 그 대회에 보조구장으로 활용하기 위해 축구장의 증축 결정이 이루어지기도 했다. 하지만 상당히 규모가 큰 건설사업이었던 만큼 예산 조달 방안을 비롯한 여러 가지 문제들이 돌출하면서 공사가 예정보다 한참이나 늦어지고 말았고, 결국 전국체육대회 개최권이 반납되었다가 반려되는 우여곡절을 겪은 끝에 간신히 월드컵 개막을 앞둔 2002년 2월에야 경기장은 완공되기에 이르렀다(결국 1999년 전국체육대회는 기존의 숭의동 인천종합경기장에서 치러야 했다).

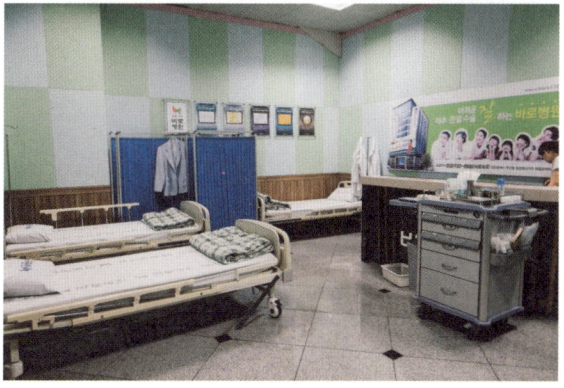

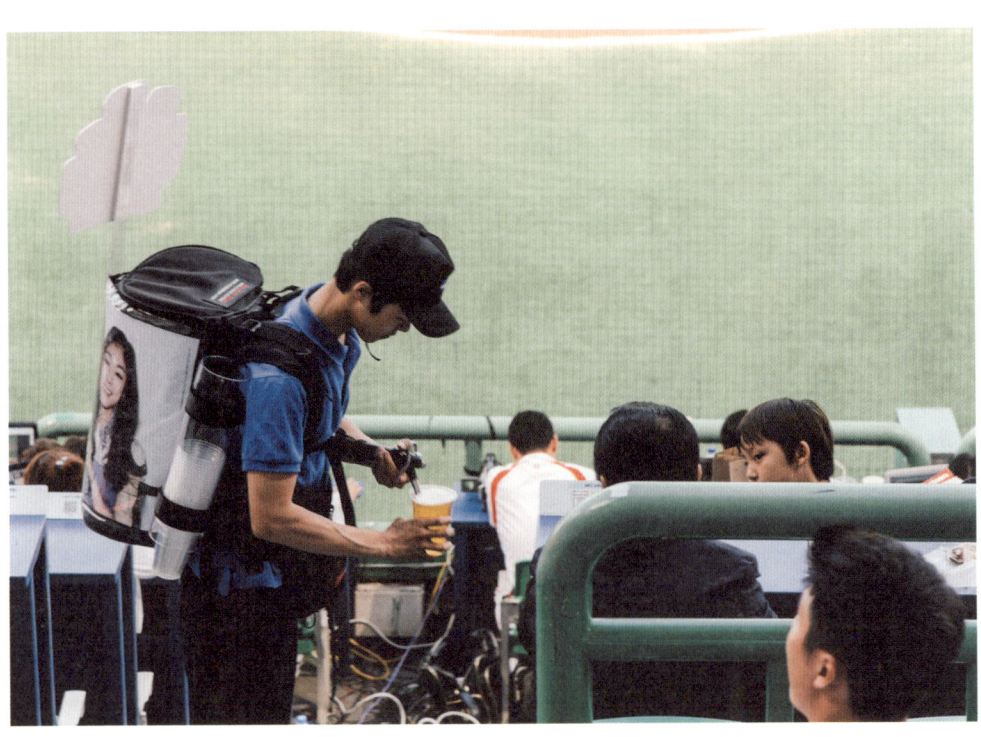

한국 프로야구가 출범하던 1982년에 인천을 연고지로 삼아 창단한 팀은 삼미 슈퍼스타즈였다. 하지만 한때 한반도에서 가장 먼저 서구문물을 받아들인 개항장의 여유와 다양성과 개방성을 토대 삼아 '야구의 도시'라 불리며 한국야구계를 이끌어가던 인천은 중국과의 국교와 무역이 끊어진 뒤 항구도시로서의 가치를 잃어가면서 서울의 위성도시로 전락하고 있었고, 그 여파로 유망주들을 서울로 모두 빼앗기며 선수기근마저 겪고 있는 처지였다. 그리고 그나마 몇 되지 않는 스타급 선수들 역시 군대나 국가대표팀에 발이 묶여 있었다.

결국 삼미 슈퍼스타즈는 제대로 된 선수 구성도 하지 못한 채 전체 일정에 맞추어 섣불리 프로라는 생소한 무대에 떠밀리듯 올라설 수밖에 없었고, 그래서 바로 그해에 아직까지도 깨지지 않고 있는 1할8푼8리라는, 2할에도 미치지 못하는 역대 최저 승률 기록을 작성하는 수모를 당하고 말았다. 그 이듬해인 1983년에는 재일교포 투수 장명부와 국가대표팀에서 돌아온 배터리 임호균, 김진우 등의 힘으로 단숨에 선두권으로 치고나가는 저력을 보이기도 했지만, 1984년에 또다시 내분과 우여곡절 속에 꼴찌로 추락하며 결국 세 번의 시즌 중 두 번이나 최하위를 도맡은 민망한 기록을 남긴 채 1985년 전기리그를 끝으로 3년 반의 짧은 역사를 마쳐야 했다.

그런 삼미 슈퍼스타즈를 인수해 새로이 출발한 팀의 이름은 청보 핀토스였다. 청보는 라면과 청바지를 주력 상품으로 하는 신진 기업집단이었고, 그래서 파격적인 팬서비스와 '미국식 선진경영'을 포방하는 한편 30대 초반의 인기 TV 해설자인 허구연을 감독으로 영입하는 등 갖가지 새로운 실험을 시도하면서 야구계에 신선한 바람을 몰고 오기도 했다. 하지만 청보 핀토스 역시 부족한 선수층의 한계를 극복하지 못하고 창단 이후 3년간 6위-6위-7위로 최하위권을 전전했고, 결국 야구단을 삼미로부터 사들인 가격보다도 20억이나 낮은 가격(인수가 70억 원, 매도가 50억 원)에 태평양에 다시 팔아넘기는 역사를 되풀이하는 수밖에 없었다.

프로야구가 출범한 지 불과 6년 만에 인천 프로야구의 세 번째 주인공이 된 태평양 돌핀스 역시 뾰족한 수는 없었고, 그래서 창단 첫 해인 1988년을 또다시 최하위(7위)로 시작하기는 했다. 하지만 2년차인 1989년에는 새로 부임한 김성근 감독의 카리스마 넘치는 지휘 아래 기적을 만들기도 했다. 인천 연고팀 사상 처음으로 준플레이오프에 진출해 전통의 강팀 삼성 라이온즈마저 물리치고 플레이오프까지 진출하며 3위에 오르는 기록을 남겼던 것이다.

태평양 돌핀스도 상위권보다는 하위권에 머문 시간이 더 많은 팀이었던 것은 마찬가지였다. 하지만 삼미나 청보 시절과는 달리 마냥 맥없는 모습만 보인 것은 아니었고, 이따금 한 번씩 그렇게 돌풍을 일으키기도 했다. 처음 플레이오프 무대를 밟은 지 5년이 지난 1994년에는 플레이오프에서 한화 이글스를 꺾고, 이번에는 또다시 인천 연고팀 역사상 최초로 한국시리즈까지 올라가 준우승을 기록하는 성과를 내기도 했던 것이다.

하지만 태평양 돌핀스의 역사도 그리 길게 이어지지는 못했다. 8번째 시즌을 마친 1995년 말, 삼성과 더불어 한국 경제계를 양분하던 거대 기업 집단인 현대 그룹에 매각됐던 것이다. 하지만 이번에는 앞선 두 번의 매각

과정과 달리 그저 어둡고 무겁기만 한 패퇴의 분위기는 아니었다. 그렇게 3, 4년에 한 번씩이나마 포스트시즌을 경험할 만큼 나름대로 이전 주자들에 비해서는 그나마 조금 나았던 성적에, 창업자 정주영 회장이 1992년 대선에 출마했다가 낙선한 뒤 적극적인 스포츠계 진출을 통해 정치적 이미지와 그룹 내에 팽배해 있던 패배감을 희석하려고 했던 현대그룹의 프로야구 참여 의지가 맞물리면서 1995년에는 470억 원이라는 역대 최고액의 매매가 기록이 세워졌기 때문이다.

그렇게 인천의 프로야구 연고권은 그 네 번째 주자인 현대 유니콘스로 넘어가게 됐다. 물론 그 470억 원으로 측정된 구단 가치의 한 부분은 당연히 이미 설계와 기초공사가 한창이던 문학야구장에 대한 사용권이었다. 그리고 실제로 현대 유니콘스는 공사가 진행 중이던 문학야구장의 구조에 대해 세 차례에 걸쳐 설계 수정을 요구할 만큼 애착을 보이기도 했다. 하지만 현대 유니콘스 선수들은 문학야구장의 홈팀 라커룸에 수건을 걸어볼 수가 없었다. 불과 창단 4년 만인 2000년 1월, 현대가 서울로 연고지를 이전하겠다고 선언하며 인천 연고권을 포기함으로써 문학야구장 사용권은 자연스럽게 인천 연고지를 물려받은 SK 와이번스에게 넘어가게 되었기 때문이다.

2000년, 전북 지역을 연고로 하던 팀 쌍방울 레이더스가 모기업의 부도 와중에 해체되고 그 팀의 선수들을 흡수해 창단한 신생팀 SK 와이번스가 전북 연고권을 물려받는 대신 서울을 연고지로 하는 세 번째 구단으로 창단하려는 움직임을 보이자 현대는 최대의 시장인 서울로 진출할 수 있는 절호의 기회라고 판단하고 서둘러 연고지의 서울 이전을 선언하며 인천 연고권을 SK에 넘기기로 했던 것이다.

하지만 공교롭게도 바로 그 시점부터 모기업인 현대전자가 자금난에 빠지며 서울 입성금을 내지 못해 서울 이전은 무산되고 말았고, 유니콘스는 무려 6년간 수원구장에 '얹혀살며' 1차 지명권도 행사하지 못하는 무연고 구단 신세로 전락하는 비운의 주인공이 되고 말았다. 모기업인 현대전자가 제대로 된 자금지원을 하지 못하게 되자 정주영 명예회장의 유지가 깃든 구단이라는 이유로 이미 계열분리가 되어 있던 현대자동차그룹이 절반가량의 운영비를 지원하기도 했고, 7개 구단 체제로 돌릴 수는 없다는 절박함 때문에 KBO 역시 그동안 적립해놓았던 야구기금을 쏟아 붓기도 했지만 유니콘스를 연명시키는 데는 한계가 있었다. 결국 현대자동차그룹마저 노조 파업 등의 내부 사정 때문에 손을 떼게 되고, KBO의 야구기금마저 모두 소진되어버리고 말았던 2007년 겨울, 현대 유니콘스는 쌍방울 레이더스에 이어 한국 프로야구 사상 두 번째로 해체의 비운을 맞고 말았다.

결국 착공 당시와는 사뭇 달라진 환경 속에서 문학야구장은 2002년 2월 25일에 SK 와이번스의 홈구장으로 문을 열게 되었다. 그리고 그해 4월 9일, 한화 이글스와의 홈 개막전을 개장 기념경기를 치른 것을 시작으로 드디어 문학야구장에서 프로야구 경기가 열리기 시작했다. 하지만 문학야구장은 그 뒤 몇 해 동안 '가장 크고, 가장 아름답지만, 가장 적은 관중이 드는 썰렁한 야구장'일 뿐이었다. 삼미, 청보, 태평양의 뒤를 이어 인천을 대표해왔던 현대 유니콘스가 '결별'을 선언하고 떠나버리면서 '적군'으로 돌변해버린 데다가 새로이 인천 연고 구단이 되어 들어온 SK 와이번스의 주축 선수들은 대개 얼마 전까지 인천 연고팀과 탈꼴찌 싸움을 벌이던 나름대로의 라이벌 팀인 쌍방울 레이더스의 주축을 이루고 있던 이들이었기 때문이다.

물론 그 쌍방울 레이더스 역시 해체의 순간이 오기까지 박경완, 김기태, 김현욱, 조규제 같은 간판급 선수들을 모두 팔아치운 빈껍데기나 다를 바 없는 상태일 뿐이었고 그런 팀을 모체로 삼아 창단한 SK 와이번스가 처음부터 강한 모습을 보이기 어려웠다는 점도 중요한 요인이었다. 2000년부터 리그에 참가한 SK 와이번스는 그해 곧바로 최하위로 처진 것을 시작으로 3년간 최하위권을 맴돌며 '탈꼴찌 싸움'에만 열중해야 했던 것이다.

이기는 날보다는 지는 날이 훨씬 더 많은, 그리고 바로 작년까지 '우리 팀'이었던 선수들이 원정팀 더그아웃에 진을 치고, 오히려 라이벌 팀 소속이었던 선수들이 홈팀 더그아웃에 자리를 잡고 있는 풍경. 하루아침에 이웃집과 가족 한 명씩을 맞바꾼 것과 같은 이질감과 어색함. 그리고 현대 유니콘스로부터 시작해 프로야구 자체로 확산된 인천 시민들의 배신감과 환멸감. 많은 팬들이 현대와 SK 사이에서 방황했고, 그들 중 많은 이들이 아예 야구장을 떠나버리고 말았다.

'스포츠'와 '엔터테인먼트'의 합성어로서, '경기의 승패만이 아닌, 다양한 즐거움을 판매한다'는 취지를 담은 '스포테인먼트' 정책은 그런 어두운 상황 속에서 살아남기 위한 자구책으로서 나온 것이었다. 2007년에 사장 취임 3년차를 맞은 SK 와이번스 신영철 전 사장이 '그냥 앉아서 관중이 오기를 기다리고, 좋은 성적이 나기만을 기다리는 천수답 경영을 탈피하겠다' 고 선언하고 관중을 불러들이는 적극적인 마케팅과 좋은 성적을 이끌어내는 적극적인 선수단 운영을 시도하게 된 것이 그 시작이었다. 그리고 야구장을 놀이공원처럼 꾸미고 전 직원을 동원해 직접 인근 지역 주택가 등을 돌며 연간권을 판매하고 초대권을 돌리는 '십리 마케팅' 등의 밀착 마케팅이 그런 노력의 절반이라면 김성근 감독을 선임하고 코칭스태프 구성과 훈련여건 조성에 적극적으로 투자한 것이 그 나머지 절반이었다.

도원동 야구장에서 시작된 2000년 SK 와이번스의 창단 첫 시즌 홈경기 평균 관중 수는 프로야구 출범 이래 가장 적은 기록에 해당하는 1,281명에 불과했다. 물론 창단 3년차를 맞아 문학으로 본거지를 옮긴 2002년에는 6,102명으로 늘어났고 창단 4년 만에 한국시리즈까지 진출해 애증의 대상인 현대 유니콘스와 극적인 7차전 혈투를 벌였던 2003년에는 6,552명으로 조금씩 늘어나긴 했다. 하지만 3만여 개에 달하는 관중석이 너무 허전해보여 민망하지 않을 수 있는 '평균 만 명' 수준을 넘어선 것은 2007년에 이르러서였다. 바로 20여 년 전인 1989년에 태평양 돌핀스를 이끌고 인천 연고팀 역사상 처음으로 포스트시즌 진출의 역사를 만들었던 장본인인 김성근 감독이 복귀해 예전과 다름없는 지옥훈련을 통해 이번에는 팀 사상 첫 우승이라는 금자탑을 쌓아올린 것이 그해였으며, 문학야구장에 어린이 놀이시설과 가로 전광판 같은 혁신적인 시설들이 설치되고 토요일 저녁 홈경기가 끝날 때마다 불꽃놀이가 벌어지기 시작한 것 또한 그해부터였기 때문이다.

그해로부터 6년간, SK 와이번스는 한 번도 거르지 않고 한국시리즈에 개근했고 그중 무려 세 차례나 우승을 이루어냈다. 그리고 해마다 새로운 발상으로 야구장 시설을 개선하며 스포츠계 전체에 신선한 충격을 던졌고, 관중 수 역시 해마다 증가하여 2012년에는 드디어 연간 총 관중 백만 명을 돌파하기에 이르렀다. 문학야구장은 2000년대 후반 이후 우리나라에서 가장 훌륭한 시설을 갖추고 있으며 해마다 변모하고 발전해나가는, 그리고 가장 높은 수준의 경기와 멋진 플레이를 볼 수 있는 야구장으로 자리매김하고 있는 것이다.

문학야구장 역시 사직야구장과 마찬가지로 '야구장 자체는 크지만 그라운드는 작은' 특징을 가지고 있다. 애초에 잠실야구장과 비슷한 수준의 크기로 그라운드를 설계하고 만들기는 했지만, 지금은 펜스를 5미터가량 앞으로 당긴 다음, 원래 펜스와 새로이 만들어 세운 펜스 사이의 공간을 투수들이 몸을 풀면서 등판준비를 하는 공간인 불펜으로 활용하고 있기 때문이다. 그래서 문학야구장에서 벌어지는 야구경기를 보면 홈런이 터질 때마다 불펜에서 몸을 풀던 투수들이 서둘러 안전지붕 아래로 몸을 숨기는가 하면, SK 와이번스의 투수가 교체될 때마다 펜스 한쪽이 열리면서 골프장 카트처럼 생긴 전기자동차가 투수를 태우고 마운드로 달려 나오는 것을 볼 수 있다.

그래서 문학야구장의 펜스는 가운데 담장이 120미터, 좌우측은 95미터로 잠실야구장보다 각각 5미터가 짧다. 사직야구장보다 가운데 담장만 약간 먼 셈인데, 대신 담장 높이가 사직야구장보다 2미터나 낮은 2.8미터에 불과하기 때문에 사직구장보다도 훨씬 타자 친화적인 구장이라고 평가되고 있다. 게다가 2010년 시즌을 앞두고 잔디밭에 돗자리를 깔고 누워 경기를 즐길 수 있도록 '그린존'을 꾸미는 과정에서 경기장 왼쪽 외벽의 일부를 철거한 뒤로는 외야 좌측으로 빠져나가는 공기의 흐름이 빨라져 더더욱 홈런이 자주 나오는 구장이 되었다. 좌측 담장을 향하며 높이 뜬 공이 기류를 타고 평소보다 몇 미터쯤 더 멀리 날아가곤 하게 되었기 때문에 어지간한 외야뜬공이 홈런으로 둔갑하는 장면이 종종 연출되곤 하기 때문이다.

문학야구장을 홈구장으로 삼고 있는 SK 와이번스는 2013년에 창단 후 12번째 시즌을 치르게 된다. 즉, SK 와이번스는 9, 10구단(창원의 NC와 수원의 KT)을 제외하면 우리나라에서 가장 역사가 짧은 팀이다. 따라서 아직 영구결번 선수를 배출하기에는 부족한 시간이며, 구장 내에 영구결번 기념물도 아직은 만들어질 기회를 얻지 못했다. 하지만 구장 곳곳에 그 비슷한 기념 동판과 숫자들이 걸려 있는데, SK 와이번스는 운 좋게도 이미 어지간한 영구결번 선수들 못지않은 대기록의 주인공들을 여러 명 보유하고 있기 때문이다.

우선 1루 쪽 스카이박스 아래 벽 제일 왼쪽에 1,014라는 숫자가 붙어 있는데, 그것은 최태원 선수가 수립한 국내 프로야구 최다 연속경기 출장 기록인 1,014경기를 가리킨다. 1993년 쌍방울 레이더스에서 데뷔해 2003년 SK 와이번스에서 선수생활을 마무리한 최태원 선수는 쌍방울 시절이던 1995년 4월 16일 광주 해태전에 대타로 나서 보내기 번트를 성공시켰던 날부터 SK 유니폼을 입고 있던 2002년 9월 8일 문학 현대전에 이르기까지 한 경기도 빠지지 않고 출전하는 대기록을 수립했다(최태원 선수가 세

운 1,014경기 연속 출장기록을 능가하는 선수는 2,632경기 연속경기 출장기록을 세워 '철인'이라 불리는 칼 립켄 주니어를 비롯해서 미국과 일본에 각각 6명씩이 있다). 문학야구장은 개장 1년 만에 수립된 역사적인 기록을 기념하기 위해 관중석에서 잘 보이는 곳에 숫자를 걸어놓았으며, 우익수 쪽 외야석 뒷벽에도 최태원 선수의 1,000경기 연속출장을 기념하는 동판이 새겨져 있기도 하다.

그리고 그 옆으로는 태평양, 현대, SK를 거치며 인천야구의 '강철허리' 역할을 해온 조웅천 투수가 세운 813경기 출장기록을 의미하는 813(당시 투수 최다 경기 출장기록이었다. 하지만 그 뒤에 LG 트윈스의 좌완 불펜 류택현 선수가 2012년 시즌까지 841경기를 출장하며 그 기록을 깨뜨렸고, 2013년에도 현역 생활을 이어가게 됨에 따라 그 기록은 앞으로도 한동안은 더 늘어나게 될 것으로 보인다), 한국 프로야구 역사상 최고의 호타준족으로 평가받는 박재홍 선수의 통산홈런과 도루 숫자를 의미하는 300-267, 그리고 역시 공수를 겸비한 역사상 최고의 포수 중 한 명으로 꼽히는 박경완 선수가 지금도 조금씩 보태나가고 있는 역대 포수 최다홈런 기록인 313이 새겨져 있다.

그중 최태원, 조웅천, 박재홍 선수가 차례로 은퇴함에 따라 기록행진이 완결된 1,014, 813, 300-267은 붙박이로, 박경완 선수가 현역 생활을 이어가게 됨에 따라 아직 진행 중인 313은 가변형으로 설치되어 있다. 이런 숫자들의 의미를 따져보고 찾아보고 음미해보면서 이제 제법 역사와 전통을 가지게 된 문학야구장과 SK 와이번스에 대해 좀 더 깊이 이해할 수 있을 것이다.

하지만 문학야구장 역시 아쉬운 점은 있다. 무엇보다도 그곳을 홈구장으로 쓰고 있는 SK 와이번스의 수장이었던 전임 신영철 사장이 부임 초기에 느꼈던 첫인상을 '북한의 능라도 경기장 같았다'고 토로했을 만큼, 웅장하고 화려하되 사람들이 거주하고 이동하는 공간이나 동선과는 한참 동떨어져 있는 외딴 입지가 그것이다. 인천의 남동쪽에 치우쳐 있어 구도심 지역인 동인천, 부평 쪽의 시민들이 접근하기에 불편할 뿐 아니라 문학산 기슭에 자리 잡고 있어 자연스러운 인구의 흐름과도 멀리 비켜서 있기 때문이다.

물론 잠실이나 사직에 비하자면 그렇다는 것이고, 또한 도원야구장에 오랜 세월 터를 잡고 인천야구를 지켜봐온 올드팬들의 입장에서 그렇다는 것일 뿐, 그것을 심각한 문제라고까지 하기는 어렵다. 20여 분가량 걷거나, 혹은 지하철로 한 정거장 이동해서 인천터미널 근처로 나가면 구월동의 중심 상권이 있고, 인천 터미널과 연결된 신세계 백화점, 농산물도매시장을 이용할 수 있으며, 길 건너 구월동과 관교동의 식당가와 유흥가와도 곧바로 연결되기 때문이다. 또한 야구장과 축구장을 연결하는 광활한 지하공간에 마련된 주차장도 넉넉한 편이며, 경기가 끝난 후 차량들이 빠져나가는 흐름도 비교적 나쁘지 않기 때문에 자가용을 이용하면 입지에서 비롯되는 소소한 불편함마저 한층 더 상쇄할 수도 있다. 다만 주차장이 너무 넓어서 차를 세운 곳의 위치를 잊으면 곤란을 겪을 수 있다는 점은 유의할 필요가 있다.

도원야구장(숭의야구장)

인천광역시 중구 숭의동과 도원동의 경계지점에 있던 야구장이다. 축구와 육상 경기가 열리는 주경기장이 숭의동에 포함되어 있어 일대의 체육시설을 통칭해서 '숭의종합운동장'이라고 불렀기 때문에 야구장도 '숭의야구장'이라고 부르기도 했지만, 야구장만 따로 떼어서 보면 도원동에 포함되어 있었고 그곳으로 가는 가장 가까운 전철역의 명칭도 '도원역'이었기 때문에 '도원야구장'이라고 부르는 이들이 더 많았다.

1934년에 처음 개장한 뒤 1964년에 대대적인 개보수를 거쳤고, 1982년에는 서울에서 열린 세계야구선수권대회의 보조경기장으로 활용되기도 했다. 관중석은 외야석 대부분이 콘크리트 계단식으로 이루어지는 등 열악한 방식이었음에도 12,000석에 불과했고 그라운드도 가운데 펜스까지 110미터, 좌우측 담장까지는 91미터에 불과한 아담한 크기였다. 특히 1996년에 도원야구장의 새 주인이 된 현대 유니콘스가 대대적인 시설 개량공사를 하는 과정에서 인조잔디를 깔기 전까지는 내야와 외야 모두 잔디가 거의 없는 흙바닥으로 이루어져 있었으며 펜스 역시 콘크리트가 그대로 노출되어 있어 외야수들에게 공포의 대상이 되곤 했다. 좁은 그라운드 면적을 만회하기 위해 펜스 위로 5미터 안팎의 철조망을 세우기도 했는데, 그 때문에 홈런성 타구가 나오면 외야수들이 철조망을 타고 기어오르며 포구를 시도하는 진풍경도 종종 볼 수 있었다.

2002년에 문학야구장이 개장해서 프로구단인 SK 와이번스가 그곳으로 홈구장을 이전한 뒤로는 미추홀기 고교야구대회를 비롯한 아마추어 경기가 주로 열렸고, 2006년에 용현동에 있던 SK 와이번스의 2군 연습구장이 철거되자 그곳을 대신해 2군 경기장으로 활용되기도 했다. 하지만 인천광역시의 도시재생사업 계획에 포함되어 2008년 9월에 철거되었고, 지금은 축구 전용경기장인 '숭의아레나'로 변신해 있다.

인천에서 단지 야구경기만을 즐기기 원한다면, 인천지하철 1호선 문학 경기장역에 내리거나 고속버스 인천터미널에 내리면 된다. 하지만 조금 더 깊이 있게 '인천의 야구문화' 혹은 '야구와 연관된 인천 문화'를 느껴보기를 원한다면, 야구장과의 직접적인 인연은 끝났지만 동인천 일대를 돌아보는 것도 나쁘지 않은 선택이다.

국철 1호선 경인선의 종착역인 인천역에서 내려 바로 맞은편으로 펼쳐지는 차이나타운에서 원조 자장면 한 그릇을 맛본 뒤 소화도 시킬 겸 산책로를 따라 올라가면 맥아더 장군의 동상이 서 있는 자유공원에서 멀리 인천항에 떠 있는 화물선들을 내려다볼 수 있다. 그리고 거기에서 다시 내려가는 길에 우리나라 최초의 야구장 중 하나인 '웃터골'의 형태를 그대로 간직한 제물포 고등학교에 들러 고등학생 선수들의 연습경기 장면을 잠시 구경하는 것도 재미가 있다. 인천항 쪽으로 조금 더 내려오면 큰 길을 따라 인천시가 옛 공장 건물들을 매입해서 미술작품 활동 지원과 전시공간으로 활용하고 있는 '아트 플랫폼'이 있다. 100여 년 이상씩 된 건물과 현대적인 작품, 그리고 바다를 배경으로 펼쳐진 포근한 잔디밭 거리가 이색적인 예술체험의 기회를 줄 것이다.

그리고 다시 전철을 이용해 두 정거장을 이동해서 도원역으로 가면, 역에서 얼마 떨어지지 않은 자리에서 옛 도원야구장 터를 들러보는 것도 좋다. 광성고등학교까지 산책하듯 올라가서 내려다보면, 위용을 자랑하는 '숭의아레나'의 터가 그대로 야구장이었음을 떠올려보면 된다. 광성고등학교 언덕은, 옛 도원야구장 시절 1만 명밖에 수용하지 못하던 야구장이 진

작에 가득 차버려 입장권을 살 수 없었던 이들이 올라가 담장 너머 야구경기를 지켜보던 곳으로, 그 자체가 하나의 유적이라고 할 수 있다. 그리고 도원 야구장 터에서 멀지 않은 신포시장에서는 그 유명한 '신포닭강정'의 매콤달콤한 맛에 중독되어보는 것도 시간이랑 발품이 아깝지 않은 선택이 될 것이다.

물론 그러고도 시간이 좀 남는다면, 동인천역 광장에서 멀지 않은 배다리 헌책방 골목을 찾아보는 것도 추천할 만하다. 이제는 쇠락했고, 헌책방도 몇 곳 남지 않았지만, 몇몇 뜻있는 젊은이들의 힘으로 지켜지고 새로운 형태로 재탄생하고 있는 아날로그의 매력 물씬 풍기는 도시 뒷골목 문화를 느껴보는 것도 소중한 경험이 될 것이다.

Travel Sketch 문학야구장

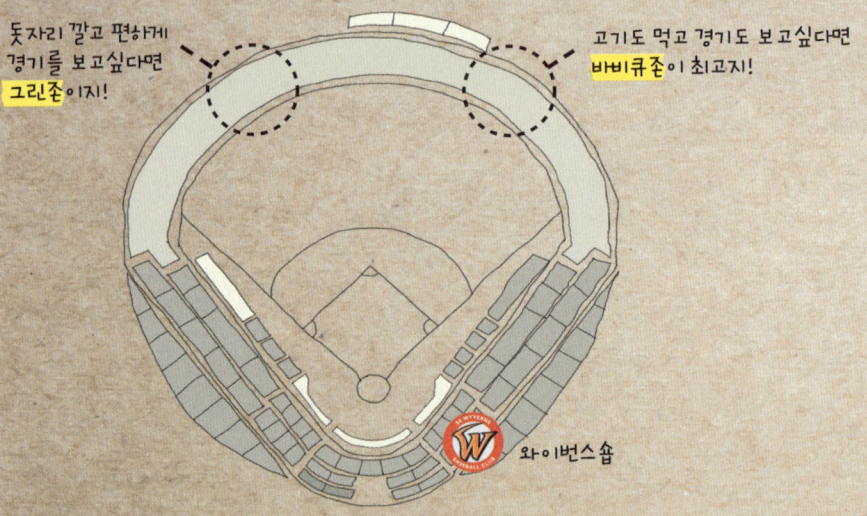

돗자리 깔고 편하게
경기를 보고싶다면
그린존이지!

고기도 먹고 경기도 보고싶다면
바비큐존이 최고지!

와이번스숍

주소: 인천광역시 남구 문학동 482

전화번호: 032-456-2114

홈구단: SK 와이번스

좌석 수: 27,877석

가는 방법: 지하철 ❶ 1호선 문학경기장

　　　　　버스　간선　4, 11, 13, 111-2

　　　　　　　　지선　515, 520, 522

TICKET PRICE

(단위 : 원)

권종		주중 (화, 수, 목)	주말 (금, 토, 일, 공휴일)	비고
일반석	일반		9,000	
	청소년		5,000	
	초등학생		3,000	
	경로, 국가 유공자		4,000	경로 : 65세 이상
	장애우		4,000	1~3급, 4~6급: 일반요금
그린존	일반		10,000	
	초등학생, 청소년		5,000	
탁자지정석			(상)25,000, (하)30,000	
의자지정석			15,000	
응원지정석			12,000	
이마트 프랜들리존			18,000	
내야패밀리존	4인석		80,000	
	5인석		100,000	
외야패밀리존	4인석		60,000	
	5인석		75,000	
이마트 바비큐존	4인석		80,000	
	5인석		100,000	
	6인석		120,000	
	7인석		140,000	
	8인석		160,000	
바로병원 외야 파티덱	4인석		60,000	
	6인석		90,000	
	8인석		120,000	
홈런커플존	2인석		30,000	
그린존 초가정자	8인석		96,000	

미니 스카이박스	4인석	200,000
	6인석	300,000
스카이 박스	8인석	500,000
	10인석	600,000
	16인석	900,000
	24인석	1,350,000

사전 연간계약으로 판매 시 일반 대관분은 조정될 수 있습니다.

* 2013시즌 기준.

MUST EAT

- 야구 경기를 보면서 직접 삼겹살을 구워 먹을 수 있도록 한 <mark>바비큐 존</mark> 이용하기.
- 알싸한 매운 맛과 달달한 맛이 어우러진 <mark>신포닭강정</mark>.

MUST DO

- 도원역 근처 <mark>'숭의아레나'</mark>에서 옛 도원야구장 흔적 찾기.
- <mark>인천대공원, 인천어린이박물관</mark> 둘러보기.

AFTER GAME

- 싸고 토실한 삼치를 한가득 즐길 수 있는 <mark>인하의 집</mark>에서 경기 뒤풀이하기.

  * 인하의 집

    위치: 인천광역시 중구 전동 19(동인천 삼치거리)

    전화번호: 032-773-8384

    인기메뉴: 삼치구이, 홍합짬뽕탕

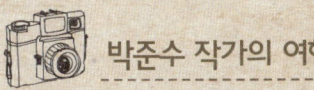 **박준수 작가의 여행 TIP**

문학구장은 8개 구장 중 가장 현대화된 구장이다. 세련된 좌석배치나 편의시설이 흡사 메이저리그 구장을 연상시킨다. '스포테인먼트'를 지향하는 SK 구단은 스카이박스부터 의무실과 수유실, 지역사회의 어린이, 유소년 팬들을 위한 SQ 시설까지 각종 편의시설을 준비해놓았다. 하지만 뭐니뭐니해도 문학구장의 매력 포인트는 바비큐존부터 파티덱, 그린존으로 이어지는 이색적인 외야석이다. 특히 그린존은 국내 야구장 중 유일하게 잔디밭 위에 앉아서 야구를 관람할 수 있는 장소로, 반드시 들러야 하는 곳. 문학구장역과 한 정거장 거리인 인천터미널역 부근에는 신세계백화점과 뉴코아 아울렛이 자리 잡고 있다. 대규모 인원이 움직인다면 미리 먹거리를 구입하는 것도 알뜰하게 야구를 즐길 수 있는 방법.

윤리라든가, 철학이라든가, 문화라든가 하는 주관적인 측면들을 제외하고 말하자면 어떤 기준에서든 삼성은 대한민국 최고의 기업임이 분명하다. 자산, 매출액, 기술력, 직원들의 처우와 자존심까지 모든 면에서 그렇다. 야구에서도 물론 크게 다르지는 않다. 삼성이 운영하는 프로야구단인 '라이온즈'는 '롯데 자이언츠'와 더불어 한국에서 프로야구가 출범하던 1982년부터 단 한 번도 모기업명과 팀명을 바꾸지 않은 채 원형 그대로 유지하고 있는 구단이며, 2012년 시즌까지 통산 2,026승과 0.548이라는 단연 최다승과 최고승률 기록을 보유한 강팀이기도 하다. 1997년부터 2008년까지 무려 12년 동안이나 개근한 것을 포함해 '특별한 일이 없으면' 빠지지 않는 포스트시즌 단골 멤버인 것은 물론이고 역대 최악의 성적이 6위에 불과한 팀이며, 단 한 번도 꼴찌를 경험하지 않은 유일무이한 팀이기도 하다. 2012년 한국시리즈에서 SK 와이번스를 4승 2패로 누르고 우승한 것을 포함해 모두 6차례에 이르는 통산 우승횟수 역시 20세기 최강의 팀 해태 타이거즈(현 기아 타이거즈)를 제외하고는 어느 팀에 견주어도 빠지지 않는다.

하지만 그런 삼성 라이온즈의 팬이라고 해서 늘 웃은 기억만 가지고 있는 것은 아니다. 오히려 8개 구단 팬들 중에서 눈물을 흘린 사연으로 '배틀'을 벌인다면 삼성 팬들 역시 호락호락 물러설 리가 없다. 2002년에 사상 처음으로 한국시리즈에서 승리하며 구단 역사상 두 번째 우승에 성공하기 전까지(첫 우승이었던 1985년은 한국시리즈 없이 전후기리그 통합우승) 삼성 라이온즈는 한국시리즈에서만 여섯 명의 감독이 여덟 번 도전해 모두 패퇴

하며 준우승에 머물러야 했던 비운의 팀이기 때문이다. 그 사이에 해태 타이거즈가 세 번, 두산 베어스(OB 포함)가 두 번, 롯데 자이언츠와 LG 트윈스가 각각 한 번씩 한국시리즈에서 삼성을 밟고 올라서 우승의 영광을 차지했고, 그러는 사이 삼성은 한국 프로야구의 만년 '조연전문' 혹은 '악역전문'으로 치부되곤 했다.

그 어느 구단보다도 넉넉한 재정지원과 열정적인 뒷받침, 그리고 '객관적 평가'만으로는 늘 최정상급 전력으로 인정받으면서도 한국시리즈라는 마지막 관문에서 '객관적 전력' 면에서 한 수 아래인 팀들에게 늘 잡히고 걸리고 뒤집히며 극적인 역전극의 희생양이 되어온 세월. 그래서 삼성 라이온즈는 여섯 번의 통산 우승횟수보다 훨씬 많은 아홉 번의 준우승을 기록하며 그 부문 통산 최다 기록을 가지고 있는 팀이기도 하다.

대구 시민야구장은 바로 그 최강의 팀이 늘 마지막 고비에서 흘렸던 통한의 눈물을 기억하고 있는 곳이다. 1982년부터 2012년까지 14번의 한국시리즈와 12번의 플레이오프, 그리고 9번의 준플레이오프가 그곳 시민야구장에서 치러졌지만, 그중 5번 이기고 4번 진 준플레이오프를 제외하면 플레이오프에서 5승 7패, 한국시리즈에서는 5승 9패의 쓴 맛을 홈팬들에게 떠넘긴 쓰라린 현장이 바로 그곳이다.

준우승 전문팀
삼성 라이온즈

　삼성 라이온즈는 1985년에 유일무이한 전후기리그 통합우승을 이루었던 것을 포함해 2012년까지 모두 여섯 번의 우승을 경험했다. 하지만 준우승 횟수는 그보다 두 번이 많은 여덟 번이다. 그 여덟 번 중 세 번은 해태, 두 번은 두산(OB 포함), 그리고 롯데, 현대, LG에게 각각 한 번씩 마지막 순간에 일격을 당하고 무릎을 꿇었던 쓰라린 추억을 가지고 있다.

　단순히 준우승 횟수가 많다는 것 외에도 삼성 라이온즈가 억울한 것은 정규시즌에서 1위에 오른 횟수는 모두 8번으로 심지어 한국시리즈에서 열 번이나 우승한 해태 타이거즈(기아 포함)보다도 많았다는 점이다(10회 우승에 빛나는 타이거즈가 정규시즌을 1위로 통과한 것은 6번에 지나지 않는다). 어떤 의미에서든 삼성 라이온즈는 마땅히 최강의 자리에 올랐어야 할 전력을 가지고 있었지만 결정적인 한 걸음을 전진하지 못한 팀이었고, 그런 의미에서 비운의 팀, 혹은 한 치 모자란 팀이라고도 할 수 있다.

하지만 21세기에 들어선 뒤 13번의 시즌 동안 5번이나 우승에 성공하며 '21세기 최강 팀'의 입지를 굳힌 오늘날, 삼성 라이온즈의 팬들에게 '역대 최다 준우승'의 쓰린 기억보다도 더 낯 뜨거운 것이 있다면 다름 아닌 대구 시민야구장의 시설이 어떤 면에서든 대한민국 최악이라는 점이 될 것이다. 대구 시민야구장은 프로야구 1군 경기가 벌어지는 경기장 중에서 가장 작고, 가장 낡았으며, 가장 위험한 야구장이기 때문이다.

1948년에 개장한 대구 시민야구장은 이미 사라지고 없는 서울 동대문 야구장과 인천 도원야구장 다음으로 오랜 역사를 가진 곳이다. 1962년과 1975년에 대구에서 열린 전국체전을 앞두고 대구 시내의 초등학생들까지 동원해 콘크리트로 스탠드를 만들고 잔디를 깎는 등의 보수공사를 한 번 거쳤고, 프로야구가 개막된 1982년에는 야간조명시설과 펜스 안전덮개 등을 설치하는 보수공사가 또다시 이루어지기도 했다. 그리고 1995년에는 세계 초일류 전자기업을 모기업으로 가진 구단의 홈구장답게 국내 최초로 LED전광판이 설치되기도 했다. 하지만 기본적으로 낡고 좁게 설계된 골격의 한계를 벗어날 수는 없었다.

시민야구장의 그라운드는 보기보다 넓은 편이다. 좌우측 펜스까지의 거리가 99미터, 중앙 펜스까지는 120미터로 잠실야구장에 이어 두 번째로 넓다. 펜스 높이도 3미터로서 부산 사직야구장과 광주 무등야구장의 '그린몬스터'를 제외하면 가장 높다. 홈런이 나오기 어려운, 투수친화적인 구장인 셈이다(2004년까지는 좌우 펜스 95미터, 중앙 펜스 117미터로 지금의 인천 문학야구장과 비슷한 크기였지만 이후 지휘봉을 잡은 선동열 감독이 투수 중심의 전력 운영을 위해 확장했다).

하지만 야구장 전체의 규모는 8개 구단 홈구장 중 가장 작다. 관중석은 원래 콘크리트 계단으로 조성될 당시 1만 5천 석으로 마련되었지만, 의자를 설치하고 테이블석을 비롯한 프리미엄석의 비중을 늘리면서 1만 석으로 줄어든 상태다.

사건과 사고들 : 정전과 화재

대구 시민야구장은 워낙 노후한 시설 때문에 심심치 않게 사고가 터지는 곳이기도 하다. 대표적으로 2011년 4월 16일 삼성과 두산의 토요일 야간경기가 벌어지던 중에 일어난 정전사건이 있다. 오후 7시 28분쯤, 8회 초 1사 상황에서 두산의 정수빈이 기습번트를 대고 1루로 질주해 막 베이스를 밟으려던 순간 갑자기 전기 공급이 끊어지면서 전광판과 조명탑 등이 일시에 꺼져버렸고, 야구장 전체가 깜깜한 암흑 속에 잠겨버렸던 것이다. 게다가 끝내 복구조차 되지 않아 그대로 서스펜디드 게임이 선언되는 수밖에 없었다. 결국 경기는 다음 날인 4월 17일 오후 5시부터 시작되기로 되어 있던 정규경기에 앞서 오후 3시에 8회 초 두산 정수빈 타석부터 재개되었고, 결국 두산이 승리하면서 마무리되었다.

역시 2011년 8월 12일에는 특급 마무리투수 오승환의 최연소 200세이브 세계 신기록 수립을 축하하는 불꽃놀이를 하던 도중 전광판에 불이 붙어 소방차가 출동하는 사건이 일어나기도 했다. 그때 마침 오승환 선수가 TV 인터뷰를 하는 화면 배경으로 사이렌 소리를 울리며 소방차들이 경기장 안으로 들어서는 모습이 방송되자 시청자들은 처음에는 그것조차 구단 측이 소방서 측의 협조를 받아 준비한 이벤트로 오인하는 촌극이 벌어지기도 했다. 과거 1989년에 역시 삼성의 마무리투수 권영호가 최초로 100세이브를 기록했을 때, 소방관 복장을 하고 대구소방서에서 협조한 소방차에 올라탄 채 경기장을 한 바퀴 도는 이벤트를 했던 전례가 있었기 때문이다.

하지만 정작 심각한 문제는 야구장이 단지 낡았다는 점이 아니라 안전성마저 의심받고 있다는 점이다. 2006년 건축물 정기 안전진단 때는 3루 쪽 더그아웃 상부 슬라브에 대해 '철거요망'을 의미하는 E등급 판정이 내려지기도 했고, 그 며칠 후에는 실제로 그 부분이 주저앉는 현상이 발견되기도 했다. 그 뒤 무슨 요령이었던지 곳곳에 철제 빔을 설치해 떠받치는 땜질 처방만으로 B등급을 받아 계속 사용할 수 있게 되긴 했지만, 그 무렵부터 프로야구의 인기가 급상승하기 시작하고 만원관중을 기록하는 날이 많아지면서 대형 참사의 우려도 더욱 커질 수밖에 없게 되었다.

이런 사정이 대구의 야구팬들뿐만 아니라 '초일류'를 자처하는 삼성 그룹의 자존심에도 적지 않은 상처를 내는 일임은 당연하다. 사실 애초에 창단할 때부터 삼성은 시민야구장을 '임시 경유지' 정도로 생각했을 뿐이지, 이렇게 오랫동안 본거지로 사용하리라고는 생각하지 못했기 때문이다. 그래서 이미 1982년 프로야구 출범 당시 창단을 알리는 기자회견을 할 때부터 일단 시민야구장에서 시작하긴 하되 새로운 전용구장을 '82년에 착공, 85년에 완공'하겠노라고 공언하기도 했던 것이다. 하지만 스포츠의 산업적 활용에 대해 무지하거나, 호의적이지 못했던 관련 법령과 지방자치단체의 소극적인 자세 등이 겹치며 새 야구장 건설계획은 여러 차례 '구상'만으로 끝나곤 했고, 결국 길어야 3년으로 생각했던 시민야구장 시대가 30년 이상 이어지게 되고 말았던 것이다.

물론 낡고, 좁고, 위험하기까지 하지만 주어진 조건 속에서도 나름대로 덧입히고 꾸며온 세월이 있었기에 일단 경기가 시작된 다음에는 시민야구장도 그리 흉해 보이기만 하는 것은 아니다. 우선 시민야구장은 좌석 수가 적은 대신 고급화된 좌석의 비중이 높다. 내야석 전체가 지정석으로 조성되어 있는 가운데 본부석 외에도 내야 중단까지 테이블석이 다양하게 구비되어 있고, 심지어는 좌중간과 우중간 쪽 외야 중단에도 테이블석이 마련되어 있다.

말하자면 테이블석을 제외한 외야석 공간만이 일반석으로 분류되어 있는 셈이다. 관중석 자체가 많지 않은데다가, 그중 대부분이 지정석으로 운영되는 야구장. 따라서 대구 시민야구장은 다른 야구장보다도 사전 예약의 중요성이 훨씬 큰 곳이라고 할 수 있다.

하지만 이제 대구 야구의 시민야구장 시대도 머지않아 막을 내릴 것으로 보인다. 야구의 인기가 급상승하는 흐름을 타고 2012년 12월 27일, 연호동 대공원역 인근 부지에서 야구장의 기공식이 치러졌기 때문이다. 새 야구장은 2만 4천 석 규모로, 국내 최초로 8각형 구조의 관중석을 설치해 다양한 각도에서 야구를 즐길 수 있도록 배치한 독특한 구조로 지어질 예정이다. 그렇게 되면 남겨지게 될 시민야구장은 일단 개보수 작업을 거쳐 위험요소들을 제거한 다음 아마추어 야구와 사회인 야구 경기를 위한 공간으로 활용되게 된다.

INSIGHT STADIUM

포항야구장 – 대구야구장의 미래

규모는 조금 작고, 또 주경기장은 아니지만 2013년의 시점에서 프로야구 경기가 열리는 야구장 중 가장 훌륭한 시설과 독특한 매력을 갖춘 곳은 포항야구장이다. 2012년 7월에 10,432석의 규모로 완공된 인조잔디 야구장인 포항야구장은 대구를 연고지로 하는 삼성 라이온즈의 제2 홈구장으로 사용되고 있으며, 포항시 남구청이 입주하면서 별도의 청사 신축비용을 절감하는 효율성을 발휘하고 있기도 하다.

포항야구장의 가장 큰 특징은 포수 뒤쪽에 기록실이 아닌 관중석을 설치한 우리나라 최초의 야구장이라는 점, 그리고 직선형이 아닌 타원형 구조를 채택해 어느 위치에서든 경기가 잘 보이게 설계되었다는 점이다. 규모는 좌우 펜스까지 99미터, 중앙 펜스까지 122미터로 잠실야구장보다 조금 작은 수준이며, 외야에는 의자를 설치하는 대신 문학구장처럼 잔디존으로 조성해 가족단위의 관람에 편리하게 꾸며져 있다.

포항야구장 개장 경기로 2012년 8월 14일 삼성 라이온즈와 한화 이글스와의 경기가 열렸다. 예매 시작 20분 만에 입장권이 완전히 매진되면서 관중석이 초만원을 이룬 가운데 개장 첫 안타, 첫 득점, 첫 홈런의 기록은 1회 초에 2루타를 때리고 출루해 김태균의 안타 때 홈을 밟은 데 이어 6회 초에는 솔로홈런을 날린 한화 이글스의 이여상이 차지했다.

하지만 그 경기는 6회 말 반격에서 개장 첫 장외홈런을 작렬시킨 데 이어 7회 말에도 역전 적시 2루타를 날린 최형우 등의 활약에 힘입어 결국 홈팀인 삼성 라이온즈가 6 대 3으로 역전승을 거두면서 끝났고, 그래서 야구장 역사상 첫 승리투수의 영광은 삼성 라이온즈 선발투수 장원삼의 것이 됐다(그날 패전투수는 한화 이글스의 박찬호가 됐고 세이브는 삼성 라이온즈의 오승환이었다). 포항야구장이 개장한 뒤로 삼성 라이온즈는

'최악의 주경기장과 최고의 보조경기장을 가진' 묘한 구단이 되어버렸다. 하지만 곧 새 주경기장이 완공된다면 자타공인 최고의 훈련-재활 시설인 '경산 베이스볼파크'와 더불어 드디어 '삼성'이라는 이름값에 어울리는 완벽한 1, 2군 경기장 및 훈련장 시설을 보유하며 최강의 인프라를 구축한 구단으로 평가받을 수 있게 될 것이다. 2013년 시즌에는 삼성 라이온즈의 1군이 18경기, 2군이 30경기를 포항에서 치르기로 예정되어 있다.

대구 시민야구장은 외지에서 찾아오는 야구팬들의 접근이 비교적 쉬운 위치에 있다. 새마을호와 무궁화호가 정차하는 대구역에 내린다면 1.5킬로미터 안팎의 거리에 불과하기 때문에 택시를 타면 기본요금으로 닿을 수 있으며, 조금 시간 여유가 있다면 걷더라도 15분 안팎이면 도착할 수 있다. 다만 대구역에서 야구장 사이에 특별히 걸으면서 구경할 만한 것들이 있는 것도 아니고, 택시를 타기도 애매할 수 있는 거리이기 때문에 708번 버스로 두 정거장을 타고 이동하는 것이 가장 무난한 선택이기는 하다.

서울 쪽에서 KTX를 타고 오는 길이라면 대구역이 아닌 동대구역에서 내리게 된다. 동대구역 앞에서도 야구장까지 708번이나 414-1번 버스를 타고 10정거장 정도를 이동하는 방법이 있으며, 역 앞 승강장에서 택시를 이용할 경우에는 대략 10분 안팎의 시간과 7,000원 가량의 요금이 소요될 것으로 예상할 수 있다.

대구는 근대화와 함께 성장한 도시이며, 우리나라에서 6.25 전쟁의 참화가 닿지 않은 얼마 되지 않는 땅 중의 한 곳이다. 따라서 우리나라 초기 근대적 도시 건설의 흔적들이 많이 남아 있는 곳이다. 물론 전쟁의 불길보다도 강력한 산업화와 재개발의 물결이 뒤덮으면서 그나마 하나둘 사라져가고 있어 큰길가에서는 쉽게 눈에 띄지는 않지만, 조금만 도로 이면으로 헤집고 들어가면 다른 도시에서는 쉽게 만날 수 없는 색다른 매력을 맛볼 수 있는 곳이 대구다.

그래서 대구에 조금 여유 있게 도착했다면 대구 근대역사관을 한 번 들러볼 만하다. 대구역에서 1킬로미터 이내의 거리니까 걸을 수도 있지만, 전철로 한 정거장을 이동해 중앙로역에서 내려 4번 출구로 나서면 좀 더 간단히 닿을 수도 있다. 대구 근대역사관은 원래 식민지 시대에 조선 식민화의 실무창구였던 조선식산은행의 대구지점으로 사용되던 건물에 꾸며진 것으로, 외형적으로도 건물의 옛 모양이 그대로 살아 있을 뿐 아니라 내부적으로도 1920년대 도시의 모습과 대구의 발전과정을 잘 보고 느낄 수 있도록 꾸며져 있다.

시기마다 다르게 꾸며지는 2층의 기획전시실도 꼭 둘러볼 만하고, 그대로 보존된 식산은행 당시의 금고를 비롯해 근대 초기의 생활유적과 유물들을 중심으로 대구라는 근대도시의 탄생과 성장과정을 조곤조곤 설명해주는 1층의 상설전시장도 대구라는 도시에 대해 간단히 입문하기에 좋은 안내서가 된다.

어린 자녀들과 함께 나선 가족 나들잇길이라면 나들이와 학습을 겸하며 발걸음 자체를 더욱 풍성하게 만들어주는 선택이 될 것이다. 특히 1층의 버스를 타고 1930년대 대구 시내를 여행하는 듯한 체험을 할 수 있도록 꾸며진 '부영버스관'은 잠시 발걸음을 쉬며 '대구학 입문'을 종합하고 다음 행선지로의 출발을 준비할 수 있는 장소다.

대구 근대역사관은 제법 내실 있게 꾸며져 있음에도 관람료가 없다는 점이 특히 뿌듯하며, 전시관 주변에 조성된 '경상감영공원'에는 연못과 분수가 조성되어 있어 사진을 찍기에도 좋다.

INSIGHT STADIUM

수성못과 김광석 거리

분지 지형에 섬유산업도시로 발달한 대구에는 자연적인 경관이 좋은 곳은 많지 않은 편이다. 하지만 야구경기 관람 외에도 한 나절 정도 대구에서 여유로운 시간을 보낼 계획이라면, 고려해볼 만한 곳이 두 곳 있다.

첫 번째는 대구 젊은이들의 데이트코스로 유명한 수성못이다. 동대구역에서 버스로 50분 정도 거리에 있는 수성못은 일제 강점기인 1925년에 농업용수의 안정적인 공급을 위해 조성한 인공 저수지였다. 하지만 1980년대 중반부터 인근 농지들이 모두 택지로 개발되면서 그 기능을 잃은 대신, 대대적인 준설공사와 주변 환경미화 작업을 통해 유원지로 재탄생했다. 지금은 호숫가에 맨발 산책로, 벤치, 놀이시설 등이 조성되어 있고 보트를 타고 물놀이를 즐길 수도 있게 꾸며져 있다. 그리고 주변 길을 따라 수성못을 향해 넓은 창을 낸 찻집과 음식점들이 빼곡히 늘어서 있기도 하다.

수성못 가에 있는 〈수성호텔〉도 사연이 많은 곳인데, 박정희 전 대통령이 대구 지역을 방문할 때면 수성못이 내려다보이는 경관 좋은 그 호텔 202호에 자주 묵었다고 하며, 프로야구 초창기에는 OB 베어스 선수단이 대구 원정을 올 때마다 그곳을 단체 숙소로 즐겨 이용하기도 했다. 1985년에는 역시 원정을 와서 수성호텔에서 묵던 OB 베어스의 기둥투수 박상열(현 고양원더스 코치)이 몰래 숙소를 벗어나 술을 마신 뒤 수성못을 수영으로 건너 숙소로 숨어들어 다른 선수의 방에서 잠들었다가 선수단을 발칵 뒤집는 해프닝이 벌어지기도 했다. 김성근 당시 OB 감독은 술자리 동석자로부터 박상열이 수성못에 뛰어들었다는 얘기는 들었지만 그 후의 종적을 찾을 수 없자 그가 익사한 것으로 생각했던 것이다.

1984년 5월 11일에는, 삼성 라이온즈의 초대 감독을 지냈던 '대구·경북 야구의 대부' 서영무 감독이 OB 베어스의 관리이사로 자리를 옮긴 뒤 대구원정 숙소였던 그곳 수성호텔에서 선수들에게 객실 열쇠를 나누어주다가 고혈압 증세를 보이며 갑자기 쓰러져 의식을 잃는 비극적인 사건이 벌어지기도 했다. 서영무 감독은 끝내 의식을 회복하지 못한 채 3년만인 1987년에 세상을 떠났다.

　두 번째는 방천시장의 김광석 거리다. 대구 2호선 경대병원역에 내려서 3번 출구로 나오면 곧바로 만날 수 있는 방천시장은 원래 서문시장, 칠성시장과 더불어 대구의 3대 시장으로 번창했던 곳이지만 2000년대 들어 백화점과 대형마트의 공세에 밀려 쇠락의 길을 걷고 있었다. 하지만 2009년 대구시와 중구청이 대구지역 예술인들과 손잡고 '별의별 별시장'이라는 예술 프로젝트를 추진하면서 새로운 생명력을 얻게 됐다. 시장을 잇는 담벼락과 입점하고 있는 가게들의 셔터마다 아름다우면서도 익살스러운 벽화들이 가득 그려졌고, 그것을 사진에 담으려는 출사객과 관광객들이 줄을 이었기 때문이다. 특히 이곳 방산시장이 고향인 가수 고 김광석을 기리는 그림과 조형물들로 채워진 '김광석 다시 그리기 길'은, 그를 기억하는 이들이라면 꼭 한 번 찾아 추억에 잠겨볼 만하다.

Travel Sketch 시민야구장

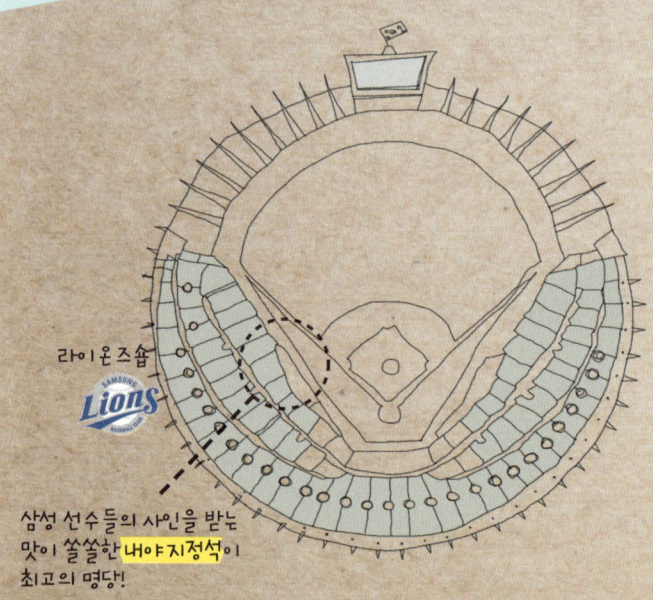

라이온즈숍

삼성 선수들의 사인을 받는
맛이 쏠쏠한 내야지정석이
최고의 명당!

주소: 대구광역시 북구 고성동3가 6

전화번호: 053-606-8200

홈구단: 삼성 라이온즈

좌석 수: 10,000석

가는 방법: 버스 간선 202-1, 836, 202, 708
          지선 칠곡2, 칠곡2, 칠곡2
          급행 급행3

TICKET PRICE

(단위 : 원)

구분			입장요금		비고
좌석명	좌석 명칭	종류	주중	주말	
특별석 (266석)	스마트TV석	서비스요금 : 5,000원	25,000	30,000	음료제공
커플석 (56석)	맛있는 참존	(2인 기준) (2인×28테이블) 서비스요금 : 10,000원	50,000	60,000	2인 기준, 치킨 제공
3루 내야 테이블석(262석) 1루 내야 테이블석(236석)	갤럭시노트 II석 국민은행석	일반	20,000	25,000	2인, 4인 기준 판매 (짝수 구매만 가능)
내야상단 3루 테이블석 (155석)	대백패밀리석	3인석(2) 4인석(31) 5인석(5)	45,000 60,000 75,000	60,000 80,000 100,000	테이블 단위 판매
내야상단 1루 테이블석 (144석)	G마켓석	3인석(2) 4인석(27) 5인석(6)	45,000 60,000 75,000	60,000 80,000 100,000	테이블 단위 판매
외야 테이블석 좌측(81석) 우측(81석)	좌측 : 하이트석 우측 : 왕뚜껑석	3인석(6) 4인석(36)	33,000 44,000	45,000 60,000	테이블 단위 판매
중앙(403석) 3루(1,327석) 스마트존(624석) 1루(1,748석)	내야지정석	일반	9,000	11,000	어린이기준 : 48개월~ 6학년
		어린이, 청소년, 장애우	6,000	8,000	
		어린이회원	3,000	4,000	
일반석 (외야자유석)		일반	7,000	8,000	
		어린이, 청소년, 장애우	4,000	5,000	
		어린이회원	무료		

* 2013시즌 기준.

MUST EAT

- 시민야구장의 명물로 자리 잡은 호식이 두 마리 치킨.
- 포장마차에서 바삭하게 구워낸 납작만두.

MUST DO

- 젊은이들의 데이트코스 수성못 즐기기.
- 가객 김광석을 느낄 수 있는 김광석 다시 그리기 길 걷기.

AFTER GAME

- 진갑용 선수의 가족이 운영해서 더 유명한 김치찌개 전문점 간바지에서 뒤풀이 하기.
- 다양한 꼬치를 즐길 수 있는 총각꼬치에서 가볍게 한 잔 하기.

    * 간바지
      위치: 대구광역시 북구 고성동3가 10-1
      전화번호: 053-356-0123
      인기메뉴: 연탄고추장불고기, 김치찌개

    * 총각꼬치
      위치: 대구광역시 북구 고성동3가 25-1
      전화번호: 053-355-0555
      인기메뉴: 모둠꼬치

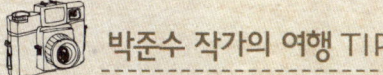
박준수 작가의 여행 TIP

시민구장에서는 삼성 제품이 아닌 스마트폰을 찾아보기 힘들 만큼 팬들의 충성도와 열기가 대단했다. 팬들의 열정을 생각하면 2000년대의 강자, 삼성 라이온즈의 홈구장이 광주 무등구장 다음으로 열악하다는 것은 매우 아이러니하다. 무등구장과 마찬가지로 선수들의 모습을 코앞에서 볼 수 있다는 것이 매력적이긴 하지만. 다행히(?) 대구시도 2015년 완공을 목표로 신축 구장을 짓고 있다. 라이온즈의 마스코트 블레오는 인기 만점. 소문대로 대구에는 미인(!)이 많다. 한 마리 가격으로 다르게 양념한 '두 마리 치킨'은 대구 구장의 명물. 또 다른 명물인 납작만두는 추천하고 싶지 않다. 대구만의 특색 있는 먹거리를 찾는다면, 안지랑 막창골목을 가거나 교동시장 야시골목에서 매운 어묵, 동인동에서 찜갈비를 먹어보는 것도 좋겠다. 먹거리 탐방은 지하철로 커버 가능한 동선에 있다. 대구 시민야구장은 KTX 동대구역보다 철도 대구역에서 더 가깝다. 수도권 팬이라면 KTX를 타고 와 금요일 밤 혹은 토요일 낮 경기를 보고 대구역에서 일반 열차로 부산으로 이동하는 것도 경제적이다. 라이온즈와 자이언츠의 경기가 있을 때면 대구 팬들과 부산 팬들이 즐겨 쓰는 방법.

#5
민주화의 성지,
해태 전설의 고향
광주 무등야구장

강원도 태백시의 대덕산 중턱에는 '검룡소'라는 자그마한 못이 있다. 백악기쯤에 형성된 석회석 지반에서 솟아나는 지하수가 고이는 곳인데, 그렇게 고인 물이 넘쳐서 흐르기 시작하면 서쪽으로 500킬로미터를 굽이굽이 걷고 달리고 몰아치며 줄잡아 2천만이 넘는 사람들이 삶의 뿌리를 담그고 사는 젖줄인 한강이 된다.

광주는 작은 도시다. 광역시라고는 하지만 수도 서울의 규모와 비교하면 어떤 기준으로 따지든 10분의 1에도 미치지 못한다. 정치나 경제나 사회의 어느 면에서도 앞서 나가거나 두드러진다고 말할 수 없는 평범한, 혹은 그마저 미치지 못하는 지방도시일 뿐이다.

하지만 광주는 한국 현대사의 발원지라는 점에서 각별한 의미를 가진다. 마치 검룡소라는 작은 연못이 한강이라는 거대한 물줄기의 출발점이 되듯, 광주라는 도시도 파고들고 살펴볼수록 한국현대사의 이해를 깊게 만들어주는 중요한 출발점인 것이다.

물론 민주화된 대한민국 현대정치사의 출발점으로서 '민주화의 성지'라는 별칭을 가지고 있다는 점이 그것을 대략 설명하고 있기도 하다. 하지만 조금 더 세밀하게 보면 프로야구의 역사 역시 그 발원점을 광주에 두고 있다고 할 수 있다. 한편으로는 프로야구란 것 자체가 다름 아닌 1980년 5월의 광주민주화운동과 그것에 대한 끔찍한 유혈진압의 기억을 서둘러 지우려고 했던 정치군인들의 기획에 의해 시작되었던 것이기 때문이고, 다른 한편 광주를 근거지로 삼았던 해태 타이거즈는 1980년대 한국 프로야구를 상징하는 이름이었고, 한국 프로야구를 이끌어가는 선두주자였기 때문이다. 6개 구단은 그 해태 타이거즈를 따라잡고 넘어서겠다는 목표를 향해 달렸고, 그러는 동안 조금씩 강해지고 세련됐다. 그리고 철저히 짓밟힌 채 절망 속에 엎드려 있던 광주시민들이 연전연승하는 해태 타이거즈를 바라보며 희망을 되찾고, 좌절을 딛고, 저항의 힘을 얻어 민주화 운동의 심장부 역할을 해낼 수 있게 됐다는 점에서 그 모든 것은 서로 연결된 일이기도 했다.

무등야구장은 바로 그런 역사의 현장이다. 1980년 5월 20일, 시민들을 향해 총을 겨눈 채 버티고 있던 전남도청의 계엄군들을 향해 광주지역 버스와 택시기사 200여 명이 각자 차에 시동을 걸고 돌진하기 시작했던 출발점이 바로 무등야구장이었으며, 또한 1983년부터 1997년 사이에 9번 한국시리즈에 진출해 9번 모두 승리해 우승컵을 들어올리며 '목포의 눈물' 가락 속에 광주 사람들이 온갖 설움과 회한을 씻어내고 새 힘을 얻게끔 했던 것 또한 무등야구장이었기 때문이다.

INSIGHT STADIUM

민주기사의 날
기념비

무등야구장으로 들어서는 입구(무등로 쪽이 아닌 광운교 쪽 입구)를 무심코 지나쳐서는 안 된다. 1980년 5월 20일에 집중 총격의 공포를 감수하며 도청으로 향했던 차량행렬의 출발점이었던 무등야구장 정문은 광주민중항쟁 사적 18호로 지정되어 있으며, 바로 그 자리에 그날의 의거를 기리는 기념비가 세워져 있기 때문이다.

이곳 야구장 입구가 차량행진의 출발점이 되었던 것은, 당시 광주공용버스터미널이 계엄군으로 파견된 특전사 부대에 장악되어 있었기 때문이다. 그래서 백 수십 대에 달하는 버스와 택시들이 한꺼번에 모여서 시동을 걸고 출발할 수 있을 만한 공간이 그곳뿐이었던 것이다.

그렇게 무등야구장 앞에 집결해서 시동을 건 버스와 택시들은 무자비한 총격의 탄연(彈煙)과 피비린내가 진동하던 도청 앞으로 돌진했고, 마침내 그들을 앞세워 힘을 낸 시민들은 도청에서 계엄군을 몰아낼 수 있게 됐다. 그날의 차량행진은 그렇게 밀리고 쫓기며 공포에 질려 있던 시민들이 힘을 모으고 기세를 올려 당당히 싸움에 나설 수 있게 하는 계기가 되었다는 점에서 특히 큰 의미를 가진다. 그래서 지금도 그 후배들인 광주의 운전기사들은 바로 그날 5월 20일을 '민주기사의 날'로 제정해 기념하고 있다.

무등야구장이 지어진 것은 1965년이다. 광주에서 열린 제46회 전국체육대회를 위해 건설된 무등종합경기장의 한 부분으로 지어졌다. 그라운드는 펜스까지의 거리가 좌우측이 각각 97미터, 가운데 쪽은 118미터로 넓지 않은 편에 속한다.

하지만 홈런이 나오기는 쉽지 않은데, 가운데 쪽 펜스 위로 가로 22미터, 높이 6.9미터짜리 막음판을 세워놓았기 때문이다. 미국 보스턴 레드삭스의 홈구장인 팬웨이파크에 있는 악명 높은 구조물의 이름을 본떠서 '그린몬스터'라고 부르는 것이다. 독특하게도 주전광판을 마주보는 위치에 외야 팬들을 위한 매점이 들어서 있는데, 그 매점의 뒷쪽 벽을 짙은 녹색으로 칠해놓았고, 2006년부터는 그 벽의 맨 윗부분까지 노란 선을 연장해 그것을 넘겨야만 홈런으로 인정하고 있다(그 이전까지는 그 옆의 펜스와 마찬가지로 3.1미터 높이에 노란 선을 연결해 그 선 위를 맞히면 홈런으로 인정했었다). 그런 이유 때문에 무등야구장 외야석을 자주 찾는 팬들은 그 벽을 '매점몬스터'라고 고쳐 부르기도 한다.

따라서 가운데 쪽을 향하는 타구가 120미터 거리에 놓인 6.9미터 높이의 벽을 넘겨야만 홈런이 되는 셈인데, 그런 조건을 모두 갖춘 홈런이 처음으로 터져 나온 것은 2007년 8월 19일이었다. SK 와이번스와 맞붙은 그날 경기에서 4번 타자로 출장한 최희섭이 1회 말 무사 2루에서 SK 선발투수 김원형의 4구째를 받아쳐 추정 비거리 130미터짜리 홈런을 바로 그 '매점몬스터' 위로 넘겼던 것이다.

1960년대 중후반은 국토개발과 정부주도의 국가조직화가 본격화되면서 곳곳의 지방 거점도시에 '공설운동장'들이 지어지던 시기다. 부산(구덕), 대전, 춘천 등과 더불어 광주에도 비슷한 시기에 공설운동장과 야구장이 개장했다. 그래서 무등야구장이 우리나라의 야구장 치고 특히 낡았다고 말하기도 어렵다. 하지만 무등야구장이 그보다 역사가 훨씬 긴 대구 시민야구장에 비견될 만큼 낡고 쇠락한 야구장으로 손꼽히는 이유는 개장 이후 별다른 개보수의 과정이 없었기 때문이다. 굳이 들자면 2007년에 관중석과 전광판을 교체하고 그라운드에 신형 인조잔디를 까는 공사가 있긴 했지만, 관중석의 형태를 비롯한 야구장의 주요 시설들은 별로 바뀐 것이 없다.

특히 무등야구장의 악명은 그라운드 사정에서 나오는데, 2009년 한 해 동안에만도 채종범, 이용규, 이종욱, 김정민, 박경완 등 각 팀의 핵심 선수들이 무등야구장 인조잔디에 미끄러지거나 스파이크 날이 걸리면서 발목을 크게 다치는 사건들이 이어져 프로야구 선수들에게 '공공의 적'으로 불릴 지경이었다. 결국 2012년 시즌 개막을 앞두고 말썽 많던 인조잔디를 모두 제거하고 천연잔디로 교체하는 공사를 하기도 했지만, 여전히 무등야구장은 선수들과 관중 모두 별로 만족시키지 못하는 야구장으로 꼽히고 있다.

하지만 정작 중요한 변화는 2014년 시즌부터 경험할 수 있을 전망이다. 여러 차례 약속되고 무산되는 진통 끝에 2011년 11월 24일에 드디어 기공식이 치러졌고, 곧 새 야구장 신축공사가 시작됐기 때문이다.

원래 있던 무등야구장 바로 앞에 짓고 있는 새 야구장은 지하 3층, 지상

3층으로 설계되며 일단 2만 2천 석 규모로 만들어졌다가 2015년 하계유니버시아드 대회를 치른 다음 3만 석으로 증축하는 2단계 계획이 수립되어 있다. 특히 새로 지어질 광주야구장은 전체 관중석의 1퍼센트인 220석을 장애인 지정석으로 설치하고 장애인 전용 화장실과 주차공간을 연결해 배치하는 등 사회적 약자의 편익이 폭넓게 고려된데다가, 잔디 조경용수를 빗물로 조달하는 등 친환경적인 요소들까지 적극 도입했다는 점에서도 특징적이다.

하지만 2013년 시즌까지는 별 수 없이 무등야구장에서 경기를 치를 수밖에 없고, 그래서 2013년까지는 몇 가지 불편한 점들을 감수하는 수밖에 없다. 무등야구장을 이용할 때 가장 먼저 알아둬야 할 점은 야구장 주변에 식당이나 상점이 많지 않다는 점이다. 물론 야구장 구내에 갈비탕이나 회덮밥, 라면 등을 먹을 수 있는 〈무등식당〉이라는 자그마한 식당이 하나 있고 야구장 입구 안쪽과 바깥쪽에 각각 편의점이 하나씩 있긴 하다. 하지만 아무래도 가족이나 동료들과 오붓하게 즐기는 한때를 뒷받침하기에는 다소 부족함이 있다. 야구장에 도착하기 전에 미리 장을 봐둘 필요가 있는 것이다.

또 한 가지 기억해둘 필요가 있는 것은, 화장실 이용이 쉽지 않다는 점이다. 1, 3루 쪽 화장실은 늘 만원을 이루다시피 하는 관중 수에 비하자면 턱없이 부족하다. 그래서 어지간하면 한 이닝이 완전히 끝나기 전, 그러니까 아웃카운트가 한 개쯤 남았지만 별다른 상황이 연출될 것 같지 않은 순간, 다른 사람들이 아직 경기장에 시선을 모으고 있는 시간에 한 발 앞서서

화장실로 발걸음을 옮기는 것이 현명한 경우가 많다. 그리고 아주 급한 경우에는 경기장 밖에 설치해둔 간이화장실을 이용하는 것이 나은 경우도 있다. 안이든 밖이든 화장실의 시설도 그리 높은 점수를 받기는 어려운데, 특히 2012년 올스타전 때는 화장실의 오물이 역류해 복도로 흘러넘치면서 대소동이 벌어지는 망신살이 뻗친 적도 있었다.

그 밖에 등받이가 높지 않은 의자도 오래 앉아 있기에는 좀 불편함이 느껴지게 되고, 또 곳곳에 바래고 녹슬고 삭아 있는 안전망과 통로와 담벼락 곳곳에서 세월의 흔적이 느껴지기도 한다.

그럼에도 불구하고 야구팬들이라면, 새 야구장이 지어지고, 더 이상 그곳에서 프로야구 경기를 볼 수 없게 되기 전에 꼭 한 번쯤은 무등야구장에서 야구경기를 관전하는 추억을 만들어두기를 권하고 싶다. 가장 가난하고 빈약한 조건 속에서 온갖 편견과 질시의 벽을 뚫고 통산 9회 우승의 전설을 남기며 80, 90년대 한국야구의 중심에 우뚝 섰던 해태 타이거즈의 포효를 바로 그 현장에서 상상하고 음미해본다는 것은 분명 먼 훗날 앞으로 야구를 배워갈 미래의 야구팬들에게 부러움을 살 만한 일이 될 것이기 때문이다.

군산 월명야구장

　1990년부터 1999년까지, 전북지역을 연고로 활동했던 프로야구팀인 쌍방울 레이더스는 전주와 군산을 오가며 홈경기를 치르곤 했다. 하지만 그중에서도 군산에서만큼은 쌍방울 레이더스가 아닌 해태 타이거즈를 응원하는 이들이 훨씬 많았고, 그래서 군산에서 쌍방울과 해태가 맞붙는 날에는 엄연한 홈팀인 쌍방울 레이더스의 선수들이 오히려 원정경기를 온 듯 주눅이 들곤 했다. 인구 30만에도 채 미치지 못하는, 그래서 전북에서도 제3의 도시일 뿐인 군산의 야구 열기는 유별나다. 이제 조금 희석되긴 했지만, 특히 과거 해태 타이거즈에 대한 애정은 본거지 광주를 능가할 정도였다. 바로 김봉연, 김준환, 김일권, 김성한, 김용남 등으로 이어지는 해태 타이거즈 창단멤버들의 대부분을 배출한 '역전의 명수' 군산상고를 품고 있는 도시이기 때문이다.

　어쨌든 1999년 시즌을 끝으로 쌍방울 레이더스가 해체된 뒤 전북지역의 연고권은 해태 타이거즈의 뒤를 이은 기아 타이거즈에게 되돌려졌고, 이제 군산야구장은 기아 타이거즈의 제2 홈구장으로서 1년에 6경기나 9경기 정도가 치러지고 있다. 하지만 야구에 대한 관심과 사랑이라는 면에서는 광주시민들에게 조금도 모자랄 것이 없는 군산시민들의 욕심보다 너무 적어서 아쉽고, 또 그만큼 소중한 경기 날이면 군산 시내가 온통 축제분위기로 흥청거리게 되고, 예외 없이 만원을 이루는 것은 물론이다.

　군산은 항구도시인 만큼 어시장에서 신선한 회와 해물을 맛볼 수 있으며, 시내에는 늘 줄을 서야 맛을 볼 수 있는 명물 짬뽕으로 유명한 〈복성루〉나 한국에서 문을 연 근대 최초의 서양식 제과점 중 한 곳인 〈이성당〉 같이 들러볼 만한 맛집들이 많다. 아울러 시간 되는대로 군산 시내를 그저 산책하는 것만으로도 일본인들이 지어놓은 근대 초기 건축물들이 내뿜는 독특한 멋을 즐길 수 있다.

서울에서 출발한다면, 광주까지 기차(KTX)로는 두 시간 반, 버스로는 세 시간 반 정도가 걸린다. 기차를 이용할 경우 용산역에서 출발해 광주역이나 송정역에서 하차하면 되는데, 송정역까지 가는 차편이 더 많고 빠르긴 하지만, 내린 다음 무등야구장까지 이동하는 거리는 광주역이 조금 더 가깝다는 점도 고려해야 한다. 송정역에서 내렸다면 지하철을 이용해 금남로5가역까지 이동한 다음 다시 버스로 갈아타야 하고, 광주역에서 내렸다면 곧바로 버스를 타고 한 번에 무등야구장 앞까지 연결된다. 소요되는 시간은 송정역에서는 1시간, 광주역에서는 30분 정도를 잡으면 무난하다.

고속버스터미널의 경우도 무등야구장까지의 거리는 광주역과 비슷하다. 버스를 타면 20분에서 30분 정도 걸리는 거리에 있다. 그리고 광주역이나 고속버스터미널에서 택시를 이용한다고 해도 4천 원 안팎의 요금이면 충분하고, 시간도 10분가량으로 단축할 수 있기 때문에 일행이 있는 경우라면 그쪽이 나을 수도 있다.

광주에서 대중교통을 이용할 때는 꼭 기억해야 할 것이 두 가지 있다. 첫째는 광주 시내 택시에서는 아직 신용카드 결제가 되지 않는다는 점. 둘째는 광주 시내버스에서는 교통카드 기능을 가진 후불식 신용카드들 중에서 국민카드와 신한카드만 이용할 수 있다는 점이다(선불식 카드 중에서는 마이비카드와 광주은행 제휴카드만 이용 가능하다). 택시의 경우 2014년부터는 카드결제가 가능하도록 한다는 계획이 세워져 있긴 하지만, 2013년까지는 어쩔 수 없을 것으로 보인다. 어쨌든 버스나 택시 안에서 당황하지 않으려면 당분간은 현금과 적절한 잔돈을 미리 준비해두는 것이 좋겠다.

전라남북도 어디나 다 그렇지만, 광주에서도 따로 맛집을 찾는 것이 별 의미가 없다고 말하는 이들도 있다. 어느 지역에서 어느 집에 들어가든 외지인의 기대와 예상을 훨씬 뛰어넘는 상차림과 양과 맛, 그리고 그에 비해 말도 안 되게 가벼운 가격으로 감동을 받게 되곤 하기 때문이다.

하지만 그중에서도 특별한 메뉴를 찾는다면, TV 예능 프로그램에서 이종범이 소개한 육전도 먹어볼 만하다. 그 방송에서 이종범이 자신의 단골집으로 소개한 불로동 〈대광〉이나 인근의 〈연화식당〉, 상무지구에 있는 〈청담〉 같은 식당이 대표적인 육전집으로 꼽힌다. 육전은 광주 전통음식은 아니고 원래 제사음식으로 먹던 것을 상품화한 것인데, 식당 직원이 직접 식탁 옆에 앉아 한 점씩 계란옷을 입혀 구워주는 것을 받아먹는 재미와 맛이 색다르다.

그 외에 상무지구에 있는 〈맛과 향〉의 육사시미나 광산구청 근처 송정동 일대의 '떡갈비골목'에서 맛볼 수 있는 떡갈비 등 쇠고기 요리들을 별미로 챙겨볼 만하다.

Travel Sketch 무등야구장

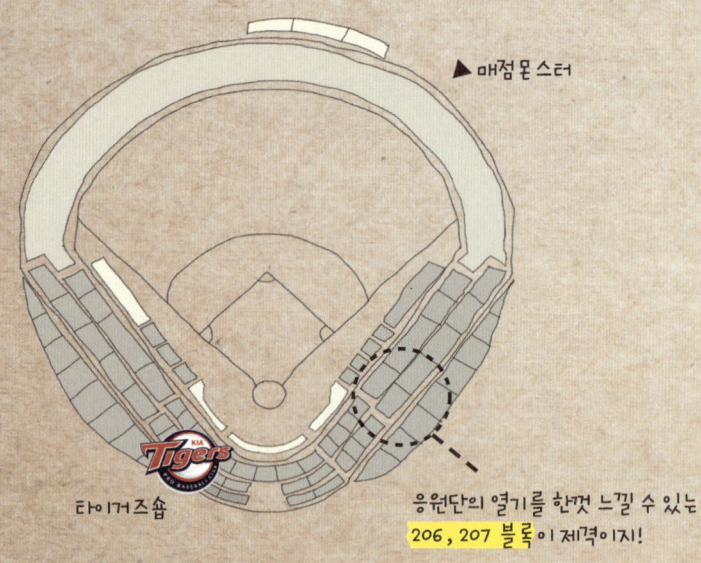

▲매점몬스터

타이거즈숍

응원단의 열기를 한껏 느낄 수 있는
206, 207 블록이 제격이지!

주소: 광주광역시 북구 임동 316

전화번호: 070-7686-8000

홈구단: 기아 타이거즈

좌석 수: 12,500석

가는 방법: 버스　`간선` 일곡 38, 송암 47, 풍암 26
　　　　　　　`지선` 송정 98, 일곡 89
　　　　　　　`급행` 순환 01

TICKET PRICE

(단위 : 원)

구분		2013년		비고
		주중	주말/공휴일	
K-7 가족석(2인)		66,000	72,000	※ 음료 및 빕스 샐러드바 이용권 1매 제공
K-7 가족석(2인)		132,000	144,000	※ 음료 및 빕스 샐러드바 이용권 2매 제공
K-5 석(2인)		55,000	60,000	
Gmarket석(2인)		44,000	50,000	※ 1루 탁자석
네오위즈석(2인)		33,000	39,000	※ 외야 탁자석
지정석	성인	13,000	14,000	
	멤버쉽회원	11,000	12,000	※ 13년 멤버쉽회원 대상(홈페이지 예매시)
	중·고	10,000	11,000	
	어린이	7,000	8,000	※ 초등학생
응원지정석 (1루)	성인	9,000	10,000	※ 304, 305, 206, 207 블럭(총 777석)
	멤버쉽회원	7,000	8,000	※ 13년 멤버쉽회원 대상(홈페이지 예매시)
	T클럽	7,000	8,000	※ 11년도까지 가입한 T클럽 회원(홈페이지 예매시)
		8,000	9,000	※ 13년 홈페이지 유료회원(홈페이지 예매시)
	초,중,고/군,경	5,000	6,000	※ 초중고생 / 군인·경찰
1·3루	성인	8,000	9,000	
	멤버쉽회원	6,000	7,000	※ 13년 멤버쉽회원 대상(홈페이지 예매시)
	T클럽	6,000	7,000	※ 11년도까지 가입한 T클럽 회원(홈페이지 예매시)
		7,000	8,000	※ 13년 홈페이지 유료회원(홈페이지 예매시)
	중,고/군,경	5,000	6,000	※ 중·고등학생 / 군인·경찰
	유공자/장애인 경로우대	4,000	4,500	※ 국가 유공자, 1~6급 장애인(현장구매시) ※ 경로 65세 이상 할인
	어린이	3,000	4,000	※ 초등학생
	카드할인	7,000	8,000	※ 광주VISA, 삼성, 신한, 롯데카드 할인
	제휴할인	6,000	7,000	※ GS칼텍스 포인트 카드
		4,000	4,500	※ 현대카드(전월실적 20만원 이상) 할인

	성인	7,000	8,000	
	멤버쉽회원	5,000	6,000	※ 13년 멤버쉽회원 대상(홈페이지 예매시)
	T클럽	5,000	6,000	※ 11년도까지 가입한 T클럽 회원(홈페이지 예매시)
		6,000	7,000	※ 13년 홈페이지 유료회원(홈페이지 예매시)
	중,고/군,경	4,000	5,000	※ 중·고등학생 / 군인·경찰
외야석	유공자/장애인	3,500	4,500	※ 국가 유공자, 4~6급 장애인(현장구매시)
	어린이	2,000	2,500	※ 초등학생
	카드할인	6,000	7,000	※ 광주VISA, 삼성, 신한, 롯데카드 할인
	제휴할인	5,000	6,000	※ GS칼텍스 포인트 카드
		3,500	4,000	※ 현대카드(전월실적 20만원 이상) 할인
	심야	1,000	1,000	※ 7회 말 종료 이후

* 2013시즌 기준.

MUST EAT

- 냄새로 식욕을 자극하는 쫄깃한 돼지족발.

MUST DO

- 광주의 인사동, 예술의 거리 걷기.
- 다양한 벽화와 설치미술품이 가득한 각화동 시화마을 가기.

AFTER GAME

- 상추에 싸먹는 특별한 튀김으로 유명한 현완단겸 상추튀김.

  * 현완단겸

   위치: 광주시 서구 치평동 1178-6

   전화번호: 062-375-3721

   인기메뉴: 상추튀김

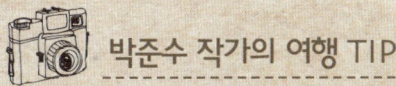 **박준수 작가의 여행 TIP**

1982년 프로야구가 출범한 이후 아홉 번의 우승, 그리고 우여곡절이 많았던 열 번째 우승까지의 희로애락을 고스란히 간직한 곳이 바로 무등구장이다. 사실 무등구장은 80, 90년대를 호령했던 '해태' 타이거즈의 홈구장이라고는 믿기지 않을 정도로 좌석, 화장실, 편의시설 모두 열악하다. 하지만 남도의 넉넉한 인심은 그 열악함을 채우고도 남는다. 야구장과는 조금 거리가 있지만 벽오동에 가서 보리밥 정식을 먹어보는 것도 추천. 1루 쪽 응원석에는 하얀 장갑을 끼고 삼진을 외치는 '삼진할머니' 나승남 여사(77세)가 자리 잡고 계시다. 무등구장은 KTX 광주역에서 택시로 5, 10분 거리에 위치하고 있다. 초행길에 실수로 KTX 광주송정역으로 예매하는 일이 없기를. 2014년부터는 바로 옆에 짓고 있는 신축 야구장에서 경기가 열린다. 무등구장에서 프로야구를 관람할 수 있는 것도 올해가 마지막이다. 구장 구석구석에 남아 있는 손때 묻은 풍경들과 숨은 이야기들을 놓치지 말자.

#6

원년 우승의
추억을 품은 야구장
리모델링의 모델

대전 한밭야구장

한국 프로야구에서 첫 우승의 감격을 누렸던 것은, 오늘날 대부분의 야구팬들에게는 뜻밖이겠지만, 대전과 충청지역의 팬들이었다. 바로 한국 프로야구 초대 챔피언인 OB 베어스(현 두산 베어스)가 출범 당시만 해도 대전과 충청권을 연고지로 하고 있었기 때문이다.

OB 베어스는 프로야구 출범 당시 서울을 연고지로 원했지만, 프로화 논의 초반부터 먼저 자리를 선점한데다가 방송국이라는 특수성 때문에 프로야구의 성공적인 안착을 위해 꼭 끌어들일 필요가 있었던 MBC 청룡에게 밀리고 말았다. 하지만 동시에 5개 구단만으로 리그를 출범시킬 수도 없는 일이었기 때문에 '서울이 아닌 연고지에서는 프로야구에 참가하지 않겠다'고 버티는 두산 그룹(OB 베어스의 모그룹)을 달래기 위해 KBO는 다른 5개 구단주들의 동의 서명까지 첨부해 '3년 후 서울 입성'을 약속해주는 조건으로 대전에 잡아 앉히게 됐던 것이다.

결국 OB는 약속대로 1982년부터 1984년까지 3년간 대전에서 머문 뒤 서울로 올라가 1985년에 동대문야구장을 거쳐 1986년부터는 잠실야구장에서 MBC 청룡(훗날 LG 트윈스에 매각)과 동거를 시작하게 됐다. 그래서 '대전, 충청지역에 뼈를 묻겠다'는 각오로 뛰어든 제대로 된 지역 연고팀의 역사는 1986년에 창단한 빙그레 이글스로부터 다시 시작된다.

신생팀 빙그레 이글스에게는 충분한 시간이 주어지지 못했다. 그로부터 4년 뒤에 창단한 쌍방울 레이더스나 27년 뒤에 NC 다이노스의 경우에는 창단해서 선수단을 꾸리고 우선 2군 무대에서 1년간 담금질을 한 다음 1군 무대에 선을 보이는 절차를 밟을 수 있었다. 하지만 빙그레 이글스가 창단하던 1980년대 중반은 아직 2군 리그라는 것이 활성화되지 못했던 시절이었고, 1년이라도 예행연습을 할 수 있는 여건이 마련되어 있지 못했다. 따라서 빙그레 이글스는 창단식을 치르고 채 한 달도 지나지 않은 1986년 4월 1일에 데뷔전을 치러야 했다. 선수단에 소집된 뒤로 1년 가까이 시간을 가지고 준비한 선수는 8명에 불과했고, 한희민이나 김상국처럼 그해 봄에 대학을 졸업하고 합류한 신인들은 간신히 유니폼만 갈아입자마자 곧바로 프로무대에 올라선 것이나 다름없었다. 말하자면 머릿수만 간신히 채운 채 1군 리그에 뛰어드는 수밖에 없었던 것이다.

그렇게 여기저기 기존 구단들에서 밀려난 선수들을 주축으로 삼아 급조된 팀이었지만, 빙그레 이글스는 창단 3년 만인 1988년에 한국시리즈에 진출하는 기적을 이루어냈다. 그리고 그 뒤로도 1992년까지 5년 사이에 무려 두 번이나 정규시즌 우승을 기록한 것을 비롯해 네 차례나 한국시리즈에 진출하는 드라마를 써냈다. 원년에 OB 베어스를 이끌고 대전시민들에게 우승컵을 바쳤던 거장 김영덕 감독의 지휘 아래 유승안, 이강돈, 이정훈, 강정길 같은 외지 출신 선수들이 힘을 모아 기틀을 잡은 데 이어 이상군, 한희민, 송진우, 강석천, 장종훈 등 연고지 출신 유망주들이 급성장해 살을 붙이면서 이루어낸 일들이었다.

하지만 빙그레 이글스의 전설적인 '다이너마이트 타선'은 마침 그 무렵부터 맹위를 떨치기 시작한 선동열이 이끄는 해태 타이거즈의 벽을 넘지 못했다. 네 번의 한국시리즈에서 모두 준우승으로 돌아서며 80년대 초중반의 삼성 라이온즈에 이어 '준우승 전문팀'이라는 뼈아픈 역사를 써나가야

우리는 당신을 영원히 기억합니다.

하기도 했던 것이다.

그래서 이글스가 첫 우승에 성공한 것은 '한화 이글스'로 팀명을 바꾸고도 한참을 지난 1999년이었다. 그 무렵 이미 한희민, 유승안, 전대영 같은 초창기의 주축멤버들은 모두 은퇴를 해버린 뒤였고 같은 시기 막내였던 장종훈이 이제 노장 대접을 받으며 팀 타선의 맏형 역할을 하고 있었다. 하지만 송진우, 구대성, 장종훈 등의 베테랑들과 문동환, 정민철, 송지만, 이영우 등의 신진급들이 조화를 이룬 가운데 로마이어(45홈런-109타점)와 데이비스(30홈런-35도루)라는 '역대급' 외국인 선수들마저 가세하며 금자탑을 세울 수 있었던 것이다.

우승 기념탑

대전 한밭야구장 내야 출입구와 외야 출입구를 잇는 화단 가운데쯤에, 아직까지 '이글스' 구단 역사상 단 한 번뿐이었던 1999년 한국시리즈 우승을 기념하는 큼직한 돌탑이 세워져 있다. 프로야구의 역사도 30년을 훌쩍 넘어서고 있고, 고작 6개 팀으로 시작해 조금씩 늘었다고는 해도 대부분의 세월을 8개 팀이 치러오다 보니 어지간하면 몇 번씩은 우승을 해본 경험을 가지고 있다. 그래서 지금까지 우승을 한 번도 해보지 못한 구단은(2012년 시즌까지 프로리그에 참가하지 못한 9, 10구단을 제외하면) 2008년부터 프로에 참가한 넥센 히어로즈 한 곳뿐이다. 그러다 보니, 아직 한 번뿐인 한화 이글스의 우승 경험은 상대적으로 초라한 것일 수밖에 없고, 그래서 우뚝 솟은 기념탑에서 느껴지는 것 역시 이제는 '위용'이라는 단어 대신 '고작'이라거나 '애처롭다'는 단어로 점점 바뀌어가는 듯하다. 물론 프로야구 무대의 일곱 번째 주자라는 점을 감안해야 하긴 하지만, 14년이나 늦게 출발한 SK 와이번스가 벌써 세 번이나 우승을 기록하고 있다는 점에 비하자면 초라해지는 것은 어쩔 수가 없기 때문이다.

게다가 2006년 한국시리즈를 치른 뒤 가파른 하락세를 걷기 시작한 한화 이글스에게 있어서 2013년은, 어쩌면 바닥이 될지도 모른다는 불안감을 주고 있다. 팀 전력의 가장 실한 기둥이었던 류현진이 메이저리그로 무대를 옮기고 투수진의 맏형인 '전설' 박찬호가 은퇴하는 등 전력 누수가 뚜렷한 반면 이렇다 할 보강은 없었기 때문이다.

기념물이 자못 장중하다 보니 '너무 자주 우승을 하게 되면, 저렇게 거대한 기념물을 여러 개 늘어 세워야 하나' 싶은 생각도 들긴 하지만, 일단 그건 나중에 걱정할 일로 미뤄두는 것이 옳을 듯 싶다. 그래서 일단은 두 번째 기념물이 나란히 세워져 그 황량함을 씻어내 줄 날을 기다리는 것이 우선일 듯싶다.

물론 그 뒤로 세대교체에 실패한 가운데 고참 선수들이 차례로 은퇴를 하면서 한화 이글스의 기세는 꺾이기 시작했다. 그래서 문동환의 전성기 마지막 해와 신인 류현진의 전성기 첫해가 교차했던 2006년에 다시 한 번 한국시리즈에 진출해 준우승을 이룬 것을 제외하면 하위권에 처진 해가 더 많았고, 특히 2009년 이후로는 4번의 시즌 중 3번이나 꼴찌로 떨어져 바닥을 기고 있는 것이 한화 이글스의 현실이긴 하다.

하지만 해태 타이거즈와 삼성 라이온즈에서 통산 10회 우승의 전설적인 업적을 세운 바 있는 명장 김응용 감독, 그리고 역시 1980년대 국내 최고의 타자로 이름을 날렸던 해태 타이거즈 신화의 한 축인 김성한 코치를 영입하며 새출발의 시동을 걸고 있는 한화 이글스는 최악의 조건 속에서 재도약의 기회를 노리고 있다.

지금의 한화 이글스에게 가장 희망적인 요소라면 '더 떨어질 곳이 없는' 현실일 수도 있다. 지난 7년 동안 부동의 팀 에이스 역할을 해주었고 동시에 대한민국 최고의 투수로 꼽혔던 류현진마저 메이저리그로 무대를 옮긴 2013년 시즌에 당장 4강이라는 버거운 기대를 걸 사람은 없을 것이기 때문이다.

하지만 김혁민, 안승민, 유창식 등 좋은 투수 유망주들이 많고 김태균과 최진행, 김태완 등이 축을 이루는 공격력도 건재하기 때문에 한두 해만 차분히 다지고 세우면 반등의 여지는 충분하다. 어쨌든 절망보다는 희망이 많이 남아 있는 것이 오늘날의 한화 이글스다.

영구결번 기념물

　한화 이글스는 비교적 짧은 역사 속에서도 많은 스타플레이어들을 배출한 팀이다. 특히 오랜 기간 이글스 한 팀에서만 활약하며 위대한 업적을 남겨 '레전드'라 불릴 만한 선수들이 많았는데, 그런 사정은 국내 프로야구단 중 가장 많은 세 명의 영구결번 선수들을 배출했다는 점에서도 드러난다.

　한밭야구장의 좌측 펜스 옆으로는 35, 23, 21이라는 숫자가 새겨져 있다. 각각 장종훈, 정민철, 송진우의 등번호이며 영구결번되어 앞으로 영원히 이글스의 다른 선수들이 달 수 없는 번호로 지정되어 있는 것들이다. 장종훈은 한국 최초로 한 시즌 40홈런 시대를 여는 등 통산 340홈런을 기록해 양준혁과 이승엽이 넘어서기 전까지 통산 최다기록을 굳건히 보유하고 있었다. 하지만 홈런 수 외에도 19시즌 동안 1,950경기에 나서 0.281의 타율과 1,145개의 타점, 1,043개의 득점을 기록하며 늘 팀의 중심타자로 헌신한 의미를 더 높이 살 만한 선수였다. 특히 대학을 거치는 것이 정해진 코스인 것처럼 통하던 시대에 세광고를 졸업하고 연습생(오늘날의 신고선수)으로 입단해 일구어낸 성공신화를 통해 수많은 늦깎이들에게 용기를 준 것은 다른 어느 선수들도 따를 수 없는 그만의 업적이며 기여라고 할 수 있다.

　21년간 3,003이닝을 던지면서 역사상 유일하게 200승 고지를 넘어선(210승) 송진우의 위대함 역시 따로 설명할 필요가 없을 정도다. 2012년 시즌 말을 기준으로 현역 투수 중 가장 많은 승수를 기록하고 있는 것이 배영수(삼성)의 102승에 불과할 정도로 송진우가 세워놓은 업적은 높고도 가파른 것이기 때문이다. 하지만 통산승수 외에 세이브도 통산 11위에 해당하는 103개나 기록했을 만큼, 보직과 무관하게 팀에 헌신한 선수였다는 점도 기억해둘 필요가 있다. 그는 선발과 마무리의 구분이 명확하지 않던 시기에 선발로도, 마무리로도 뛰었을 뿐만 아니라 동시에 선발과 마무리의 두 몫을 감당하기도 했던 선수였기 때문이다.

　그런 송진우와 같은 시기에 활약했기에 오히려 그 빛이 가려졌던 대표적인 선수가 정민철이다. 3년간의 일본 활동기간을 제외하고도 16시즌을 한화 이글스에서만 뛰면서 송진우에 이은 2위에 해당하는 기록인 통산 161승을 기록했던 그는 송진우와 달리 주로 선발투수로서만 뛰었지만, 통산 60번의 완투와 20번의 완봉승이 말해주듯 그 못지않은 위력과 헌신을 보여준 선수였다.

　그 세 선수 외에 일본과 미국 프로야구 무대에서도 활약했으며, 국내무대에서는 한화 이글스에서만 13시즌 동안 활약하며 67승과 214세이브를 기록한 '대성불패' 구대성도 충분히 영구결번의 대상이 될 수 있는 자격을 가진 것으로 평가되곤 한다(하지만 구대성은 같은 왼손잡이 투수인 유망주 후배 유창식에게 등번호 99번을 물려준 바 있다). 그 외에 한화에서의 이력은 한 시즌 뿐이었지만 미국 메이저리그에서 통산 124승을 기록한 박찬호, 그리고 한화에서 데뷔해 7시즌 동안 98승을 기록한 뒤 미국 메이저리그로 진출한 류현진 같은 경우도 영구결번의 대상은 아니더라도 한화 이글스가 자랑할 만한 스타플레이어라고 할 수 있다.

한밭야구장은 축구와 육상경기가 주로 열리는 주경기장과 배구와 농구 경기가 벌어지는 실내경기장인 충무체육관, 그리고 실내수영장, 씨름장, 롤러스케이트장 등으로 구성된 한밭 종합운동장 안에 있으며, 1964년에 완공됐다. 하지만 비슷한 시기에 지어진 광주의 무등야구장과는 달리 시설의 노후함이나 위험함 때문에 문제가 되는 경우는 많지 않다. 꾸준히 개보수되고 리모델링되어왔기 때문이다. 그중에서도 2012년과 2013년 시즌을 앞두고 벌인 대대적인 리모델링 공사는 한밭야구장의 모습을 완전히 바꾸어놓았다.

우선 2012년 시즌 전에 벌인 리모델링 공사를 통해 이루어진 가장 큰 변화는 원래 10,500석에 불과했던 관중석의 규모가 14,500석으로 확장됐다는 점이다. 본부석과 1, 3루 쪽 내야석 2층에 새로이 관중석이 마련되었기 때문이다.

그 밖에도 화장실과 편의점 등의 시설도 쾌적하게 개선되었는데, 비슷한 수준이던 대구나 광주의 것과는 새삼 비교하기 어려울 정도로 올라섰다. 그리고 국내에서 가장 뛰어난 화질을 보여주는 풀컬러 LED전광판이 설치되면서 관전환경 역시 상당히 좋아졌다.

원래 한밭야구장 그라운드의 크기는 중앙 펜스까지 114미터, 좌우 펜스까지 97미터로 작은 편이었고, 잔디도 인조잔디로 이루어져 있었다. 그라운드에는 천연잔디가 깔려 있었지만 제대로 관리되지 못해 흔히 흙바닥 위에서 야구경기가 치러지곤 했었기 때문에 1995년에는 인조잔디로 바꾸었고, 그 뒤로도 여러 차례에 걸쳐 최신식 인조잔디로 바꾸어 깔았기 때문에 비교적 그라운드 사정은 나쁘지 않은 편이었다.

하지만 2013년 시즌을 앞두고 새로 부임한 김응용 감독의 요구에 따라 그라운드를 확장하는 공사가 다시 벌어졌다. 류현진 선수를 메이저리그 LA 다저스로 이적시키면서 받은 이적료의 상당 부분이 투입된 그 공사를 통해 이번에는 인조잔디를 걷어낸 다음 다시 천연잔디를 깔았고, 그라운드의 규격도 확장했다.

좌우 펜스까지는 99미터로, 중앙 펜스까지는 121미터로 확장하고 펜스의 높이도 2.8미터에서 4미터로 높이는 대대적인 공사가 이루어지게 됐다. 당장 2013년 시즌부터도 관람객들은 바로 한 해 전과도 또 다르게 새로워진 야구장에서 야구경기를 관람할 수 있게 된 것이다.

새 야구장을 짓고 있는 광주나 대구와 달리 대전이 이렇게 대대적인 리모델링이라는 방식을 택하고 있는 것은, 비교적 야구시장의 규모가 작기 때문이다. 전쟁 전부터 야구 역사가 이어져 내려오고 있는 부산, 대구, 광주 같은 도시들과는 달리 대전은 야구의 역사도 비교적 짧고, 또 그만큼 야구의 인기가 비교적 높지 않은 지역인지라 굳이 3만 석짜리 야구장이 필요할 만큼 관중이 모이지 않기 때문이다. 하지만 한화 이글스가 다시 좋은 성적을 내게 되고, 꾸준히 성장하고 있는 야구의 인기와 대전의 인구 규모 성장세가 맞물리기 시작하면 조만간 대전에서도 야구장 신축의 필요성이 제기되게 될지도 모를 일이다.

대전은 남한의 중심부에 위치한 도시이며, 서울과 영, 호남을 잇는 거점 역할을 하는 도시다. 그래서 일제 강점기 때 부산에서 서울을 거쳐 만주로 이어지는 철도를 부설하는 과정에서 도시의 정체성을 얻기 시작했고, 전쟁을 치르고 전쟁 재발에 대비한 행정수도 건설을 구상하는 과정에서 대도시로 성장했다. 그리고 마지막으로는 대전은 1993년에 개최됐던 세계박람회(EXPO)를 계기로 또 한 번의 부흥을 맞기도 했다.

대전의 전통적인 중심은 대전역과 그 맞은 편의 도청을 잇는 은행동 거리였다. 하지만 박람회 개최 이후 대전 서부지역인 둔산과 유성 일대가 새로운 중심으로 떠오르면서 두 개의 중심지를 가지게 됐다. 그런 역사적인 발전과정과 기능적인 분화 과정에서 대전은 기차역도 두 개, 고속버스터미널도 두 개를 가지게 됐다. 대전에서 출발해서 영남 쪽으로 이어지는 노선들은 대전역과 대전복합터미널(혹은 동부터미널)에, 그리고 호남 쪽으로 이어지는 노선들은 서대전역과 유성터미널에 집중되어 있다고 보면 된다.

한밭야구장은 1960년대에 건설된 것인 만큼 그 당시의 중심부였던 대전의 동부 지역에 위치하고 있다. 따라서 가급적이면 대전역이나 복합터미널에서 내리는 것이 야구장까지 찾아가기에 편리하다. 대전역이나 복합터미널에서 내렸다면, 바로 앞에서 '급행 2번' 버스를 타면 단번에 야구장까지 갈 수 있다. '급행 2번' 버스는 복합터미널에서 대전역을 거쳐 야구장으로 향하는 노선이기 때문에 물론 대전역에서 타는 편이 조금 더 가깝다. 하지만 어느 쪽이든 택시를 타더라도 4천 원에서 7천 원 정도의 요금이면 충

분하기 때문에 일행이 있고 시간이 빠듯하다면 택시를 이용하는 것도 나쁘지 않다.

이렇듯 대전은 서울과 호남, 영남을 잇는 교통의 요지이며 분기점이다. 특히 KTX시대를 맞이한 이후로는 대전에서 출발해 서울까지는 50분, 부산이나 목포까지도 2시간 남짓이면 닿을 수 있게 됐다. 전국을 진정한 1일 생활권으로 느낄 수 있는 도시가 바로 대전인 것이다. 그래서 다양한 지역들과의 교류가 많은 만큼 다른 지역들과 뚜렷이 구별되는 특색은 없는 지역이기도 하다. 좋게 말하자면 비교적 지역색이 옅은 것이고, 나쁘게 말하자면 별다른 특장점이 크게 두드러지지 않는 '무난한' 동네라고도 말할 수 있다.

그래도 대전에서 한 나절 정도라도 시간을 보낼 계획이라면, 들러볼 만한 곳들은 있다. 우선 대전역 맞은편으로 전개된 은행동은 서울로 치면 명동에 해당하는 곳인데, 다양한 젊은 감각의 음식점, 술집, 액세서리숍 등이 늘어서 있다. 게다가 은행동 중앙통 골목에서 한두 블록만 이동하면 대전의 대표적인 전통시장인 중앙시장으로도 통하기 때문에 필요와 취향에 따라 멀리 이동하지 않고도 다양한 정취를 맛볼 수 있다.

특히 은행동의 대전 지하철 중앙로역 2번 출구 쪽에는 대전을 대표하는 제과점인 〈성심당〉이 있다. 1950년대 중반 대전역 앞에서 찐빵집으로 시작해 지금은 제과점과 식당, 급식업체로까지 성장한 〈성심당〉은 군산의 〈이성당〉과 더불어 근현대 지역문화와 제빵문화의 변천사를 그대로 담고 있는 살아 있는 역사관이기도 하다. 특히 〈성심당〉은 1980년대 초반에 포장팥빙

수를 국내 최초로 개발한 것으로 유명한데, 그것 역시 새마을호를 타고 2시간 안팎이면 서울에 닿을 수 있었던 지리적인 위치와 연관되는 것이다. 아이스팩과 스티로폼 박스로 잘 포장하면 서울까지도 팥빙수의 맛을 유지할 수 있는 거리의 기차역 가까이에서 성장했기에 가능한 발상이었기 때문이다. 그래서 여름이라면 팥빙수 한 그릇을 맛보는 것을 권할 만하며, 그 밖에도 튀김소보로나 부추빵 같이 자체 개발해서 특허까지 받은 메뉴들을 중심으로 여전히 대전에서 프랜차이즈 제과 브랜드가 발을 붙이지 못하게 하고 있는 토종의 자존심이다.

최근에는 대전역사에도 분점을 냈는데, 특히 대표메뉴인 튀김소보로(바삭한 튀김빵 속에 따끈한 단팥소가 들어 있다. 튀겨 나온 즉시 찬 우유나 따끈한 커피와 함께 먹으면 일품이다)는 십 분 이상씩 길게 줄을 서야만 살 수 있는 데다가 1인당 2박스(12개) 이상은 살 수 없다는 제약조건마저 달고 있는 귀한 음식이다. 은행동에 있는 성심당 본점의 2층은 식당으로 운영되고 있는데, 볶음밥이나 스파게티, 돈가스 같은 식사류와 각종 빙수, 음료수 등을 판매하고 있으며 1층인 제과점에서 구입한 빵을 앉아서 먹을 수도 있다.

그리고 〈성심당〉 맞은편으로는 골목을 따라 닭강정, 어묵바, 떡볶이 등 대전을 대표하는 길거리 음식들을 맛볼 수 있는 노점들이 늘어서 있다. 특히 은행동 닭강정은 뼈를 발라낸 살코기만으로 만드는데, 팍팍한 가슴살을 빼고 조리하기 때문에 육질이 부드러운 것이 특징이다. 닭강정으로 유명한 또 다른 지역인 인천 신포시장의 것에 비하면 달고 매운 자극적인 맛이 적은 편이어서 '중독성'은 덜하지만 어린이들과 함께 넉넉히 먹을 수 있다는

장점도 가지고 있다. 그래서 어차피 야구장 앞에서 '한 마리를 두 상자에 나누어 담고 두 마리라고 우기는' 치킨들을 사야 하는 상황이라면, 이곳에서 노점 닭강정을 준비하는 것이 맛이나, 양이나, 값이나 모든 면에서 보다 나은 선택이 될 것이다.

청주야구장

　한화 이글스의 제2 홈구장으로 사용되는 곳이 청주야구장이다. 1979년 청주에서 열린 전국체육대회를 위해 지은 야구장으로서, 원래 10,000석의 관중석이 마련되어 있었지만 2008년 초에 개보수공사를 하면서 7,500석으로 줄어들었다.

　천연잔디구장이지만 배수가 잘 되지 않아 비가 올 때는 경기 취소가 잦은 단점이 있다. 그리고 좌우측 펜스까지 99미터, 가운데 펜스까지는 110미터에 불과하며 펜스 높이도 2.3미터밖에 되지 않아, 홈런이 자주 나오는 야구장으로도 유명하다.

　해마다 9경기 정도가 편성되어 있었지만, 2013년에는 청주야구장에서 프로야구 경기가 열리지 못할 것으로 보인다. 관중석을 10,500석으로 늘리고 천연잔디를 인조잔디로 교체하는 리모델링 공사가 늦어짐에 따라 경기 편성을 받지 못했기 때문이다.

Travel Sketch 한밭야구장

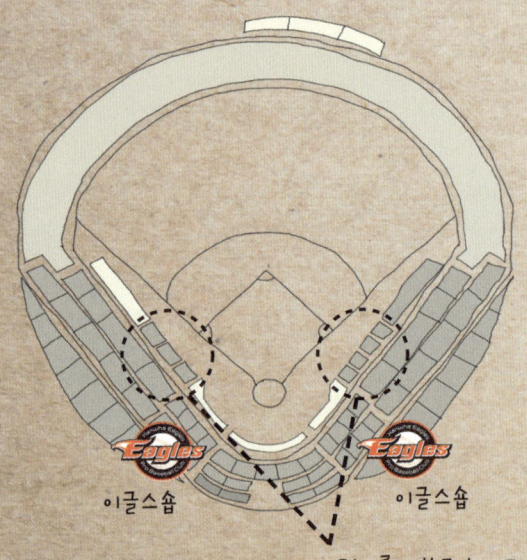

이글스숍   이글스숍

경기를 피부로 느끼고 싶다면 익사이팅존이 최고! 단, 파울 타구 조심!

주소: 대전광역시 중구 부사동 1777

전화번호: 042-630-8200

홈구단: 한화 이글스

좌석 수: 14,500석

가는 방법: 버스 간선 802, 119, 108
          급행 2
          외곽 52, 33

TICKET PRICE

(단위 : 원)

구분		성인		청소년		어린이	
		주중	주말	주중	주말	주중	주말
특별석	스카이박스	240,000(6인기준), 280,000(7인기준), 320,000(8인기준), 500,000(10인기준)					
	중앙가족석	평일 100,000 / 주말 120,000(6인기준)					
	캠핑존	평일 80,000 / 주말 100,000(5인기준)					
	잔디석	평일 32,000 / 주말 36,000(4인기준)					
	익사이팅테이블석	평일 36,000 / 주말 40,000(2인기준)					
	중앙탁자석	평일 25,000 / 주말 28,000					
	청주지정석	평일 20,000 / 주말 20,000					
	내야탁자석	평일 20,000 / 주말 23,000					
	내야하단 탁자석	평일 15,000 / 주말 18,000					
	내야커플석	평일 20,000 / 주말 23,000					
	익사이팅존	평일 18,000 / 주말 20,000					
	외야탁자석	평일 10,000 / 주말 12,000					
	외야5인석	평일 45,000 / 주말 50,000					
일반석	응원단석	9,000	10,000	5,000	6,000	3,000	4,000
	내야지정석	8,000	9,000	4,000	5,000	2,000	3,000
	외야비지정석	7,000	8,000	3,000	4,000	1,000	2,000
할인	* 일반석 50%할인 : 복지카드 소지자, 경로우대증, 다자녀 가족 * 단체관중할인(100인 이상) : 성인 1,000원, 학생/어린이 50% * 계열사할인(100인 이상) : 2,000원 * 제휴카드사 할인 : 1,500원 * 회원(성인)할인 : 1,000원(일반석 한정)						
기타	* 청주 일반석 8,000원(주말 9,000원) * 8회초 입장 2,000원 * 무료 : 초청자 한정(별도 결재)						

* 2013시즌 기준.

MUST EAT

- 따끈한 국물이 끝내주는 가락국수와 매콤한 떡볶이.
- 3연속 이닝 병살타의 아픔도 잊게 만드는 여름 특선 메뉴 열무국수.

MUST DO

- 내야 출입구와 외야 출입구를 잇는 하단 근처에서 이글스 우승 기념탑 찾기.
- 야구장 좌측 펜스 옆에 영구결번 기념돌 찾기(35번 장종훈, 23번 정민철, 21번 송진우).
- 둔산동 타임월드, 오월드, 둔산문화예술단지(둔산대공원 내) 등 둘러보기.

AFTER GAME

- 닭볶음탕, 한방동봉탕 등의 보양식을 즐길 수 있는 조선옥에서 경기 뒤풀이 하기.

  * 조선옥

    위치: 대전시 중구 대흥동 462-1

    전화번호: 042-252-5678

    인기메뉴: 한방닭곰탕, 조선용봉탕

박준수 작가의 여행 TIP

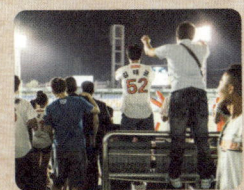

대전 한밭운동장 야구장은 아담하고 가족적인 분위기를 가지고 있다. 최근 몇 년간 한화 이글스의 저조한 성적 탓인지 타 구장에 비해 상대적으로 한산하고 조용한 느낌이다. 홈팬들이 점잖은 편이라 원정팬들은 마음 편하게(?) 관람이 가능하다. 한화는 은퇴한 레전드 선수들에 대한 예우를 잘 하기로 알려져 있다. 구장 구석구석 숨어 있는 연표나 기념비 등을 찾아보는 재미가 쏠쏠하다. 빵을 좋아한다면 경기에 앞서 중앙로에 들러 55년 전통의 성심당에 들러보자. 다양한 빵을 구경하고 시식도 할 수 있다. 성심당 만의 튀김소보로는 타 도시에서도 사가는 명물이다. 여름에는 시원한 팥빙수를 먹어보는 것도 좋겠다.

#7
21세기 야구열풍의 부산물, 아파트 옆 야구장
서울 목동야구장

2007년은 한국 야구사에서 또 하나의 분기점으로 의미를 부여할 수 있는 해다. 1997년 겨울 IMF 경제위기와 함께 바닥으로 곤두박질쳤던 한국 프로야구의 인기가 다시 바닥을 치고 오르기 시작하던 시점이기 때문이다.

2000년에 서울 입성을 선언하며 연고지 인천을 떠났지만, 바로 그 순간부터 공교롭게도 모기업이 자금난을 겪기 시작하며 서울 입성금을 내지 못해 그로부터 7년 동안이나 연고지 없고 확실한 돈줄 없는 구단으로서 표류하기 시작한 현대 유니콘스가 그나마 지원받던 KBO의 운영자금마저 모두 소진해버린 채 소멸의 위기로 내몰리기 시작하던 것이 2006년 말 즈음이었다. 일이 그렇게 되자 KBO는 진작 모기업으로서의 의미를 상실한 하이닉스를 대체해 8개 구단 체제를 유지할 수 있도록 해줄 인수기업을 물색하기 시작했다. 그래서 농협과 KT 같은 기업들이 CEO의 강력한 의지를 업고 물망에 오르기도 했지만, 상황이 무르익기도 전에 섣부른 보도가 터져 나오면서 주주들의 저항에 부닥치는 등 이러저러한 사정으로 무산이 되기도 했다.

최소한으로 책정된 형식적인 리그 가입금을 제외하면 실질적인 구단 매매대금은 없는 것이나 다름없는 파격적인 조건이었음에도 불구하고, 기업들은 프로야구단 인수를 쉽게 결단하지 못했다. 그때만 해도 기업에 관계하는 많은 이들은 IMF 시절에 조여진 긴장을 풀지 못하고 있었고, 또 프로야구는 그만큼 돈도 되지 않고, 한번 발을 들이면 쉽게 뺄 수도 없는 골치 아픈 사업 분야로 여겨지고 있었던 것이다.

그래서 결국 2007년 시즌을 끝낸 뒤 모기업 하이닉스의 채권단이 '야구단으로부터 완전히 손을 떼겠다'고 선언하면서 현대 유니콘스는 불가피하게 해체의 길로 들어섰다. 안타깝게 여긴 야구팬들이 직접 유니콘스를 살려보기 위해 모금 활동에 나서기까지 했고, 선수협의회와 유니콘스 선수단 역시 나름대로 자구책을 내놓기도 했지만, 아직 기업의 투자 없이 팬과 선수들만의 능력으로 프로야구단을 존립시킬 여건은 마련되어 있지 못했다. 결국 그해 3월 10일, 통산 4회 우승의 역사에 빛나는 2000년대의 대표적인 명문팀인 현대 유니콘스는 해체되고 말았고, '센테니얼 인베스트먼트'라는 투자회사를 운영하고 있던 이장석 대표가 해체된 현대 유니콘스 선수들과 프런트들을 승계해 또 하나의 프로야구단을 창단하면서 8구단 체제만은 간신히 유지할 수 있게 됐다.

그렇게 새로 창단한 구단 '히어로즈'가 홈구장으로 삼아 자리 잡은 곳이 바로 목동야구장이다. 7개 구단 체제를 받아들이는 수밖에 없어 보였던 최악의 상황에서 투자를 결정한 이장석 대표는 별다른 저항이나 추가적인 비용 없이 서울 연고권을 얻어낼 수 있었기 때문이다. 그리고 어차피 잠실야구장을 세 팀이 동시에 홈구장으로 사용하는 것은 불가능한 일이었고, 동대문야구장의 철거가 예정되어 있는 상황에서 그 밖에 서울에서 당장 프로야구 경기를 열 수 있는 야구장은 목동야구장뿐이었다.

원래 목동야구장에서는 1989년 10월 31일에 문을 연 뒤로 리틀야구팀이나 연예인야구팀들의 경기가 주로 열려왔고, 때로는 〈슈퍼스타 감사용〉을 비롯한 영화나 드라마의 촬영지로 활용되기도 했다. 그러던 그곳이 갑작스런 프로야구단의 해체와 창단 소동 속에서 갑자기 프로야구 주경기장으로 격상되게 된 것이다.

이장석 대표와 서울시는 히어로즈 창단과 목동 입주가 결정되자 곧 야구장 개보수 공사를 시작했다. 프로야구 선수단이 머물 수 있도록 더그아웃을 넓히고, 곧바로 경인고속도로와 맞닿아 있는 외야 바깥쪽으로 홈런공이 넘어가지 않도록 그물망을 높이고, 인조잔디를 깔고, 또 경기 중에도 투수들이 몸을 풀 수 있는 불펜을 마련하기 위해 펜스를 앞으로 당기는 등의 작업들이 이루어졌다.

목동야구장은 3루가 서쪽, 1루가 동쪽으로 배치되어 있다. 그리고 외야쪽에 따로 높은 담장이 없기 때문에 저물어가던 해가 서쪽 지평선에 걸리면 1루수들은 유격수나 3루수의 송구를 빛과 함께 받아야 한다. 토요일이나 일요일 낮 경기가 끝나갈 무렵 목동야구장에서 종종 1루수들의 포구 실책이 벌어지는 이유가 바로 그것이다.

목동야구장의 그라운드는 좌우측 펜스까지 98미터, 가운데 펜스까지 118미터로 대구 시민야구장과 비슷한 넓이를 가지고 있다. 하지만 목동야구장은 8개 구단의 주경기장 중 유일하게 외야석이 없는 것이 특징이며, 그래서 관중석도 18,000석으로 많지 않은 편이다.

외야석이 없다는 점은 단지 수용할 수 있는 관중이 적다는 것 이상의 문제점을 낳게 된다. 그중 대표적인 것이 뚫려 있는 외야 쪽 공간으로 집중되어 분출되는 관중들의 함성이 마치 확성기처럼 증폭되면서 고스란히 그쪽을 마주보고 있는 아파트 단지 주민들에게 향한다는 점이다(물론 파울볼은 잡을 수 있을지 몰라도 홈런볼은 잡을 기회가 없다는 점도, 어떤 팬들에게는 아쉬운 구석이 될 수도 있다).

목동 야구장은 안양천을 등지고 경인고속도로를 사이에 둔 채 목동 아파트 5단지를 마주보고 있다. 그 5단지 아파트가 조성되기 전에 야구장이 먼저 지어진 데다가, 그동안은 관중이 많이 들지 않는 아마추어 경기들이 아파트에 사람이 많지 않을 낮 시간을 이용해 간간이 열릴 뿐이었기 때문에 크게 문제될 것이 없었다. 주민들의 집단적인 항의가 전달된 적도 없었다. 하지만 프로구단인 히어로즈의 홈구장이 되고부터는 시즌 중 절반 정도는 경기가 열리는데다가 경기가 열리는 시간도 각자 직장과 학교에서 돌아온 주민들이 집에서 휴식을 취할 저녁시간이나 휴일 낮 시간으로 편성되면서 문제가 돌출하기 시작했다. 열광적인 단체응원의 함성과 환호성이 활짝 열려 있는 외야 담장 너머로 뻗어나가 하필 가장 예민한 시간마다 아파트 주민들의 신경을 건드리기 시작했던 것이다.

그래서 2008년 시즌 초, 히어로즈 구단 직원들의 중요한 일과 중 하나는 야구장 안쪽을 향해 안내방송을 하고 플래카드를 내걸어가며 '함성을

자제해 달라'고 부탁하는 동시에 낮에는 5단지 아파트를 가가호호 돌며 이해를 부탁하면서 초대권을 선물하는 일이었다.

이제 목동야구장에서 프로야구 경기가 열리기 시작한 것도 다섯 해가 넘어가고, 그래서 서로 무뎌지고 익숙해진 탓인지 이제는 경기장 관중석에 '홈런이 터지더라도 너무 크게 함성을 지르지 말아 달라'는 민망한 플래카드가 걸리는 일은 없다. 그리고 조만간 외야석 증축공사가 이루어지게 된다면 아파트 단지를 향하는 소음의 양도 훨씬 줄어들 수 있을 것이다.

이런 몇 가지 단점도 있지만, 목동야구장이 가지는 강점도 있다. 무엇보다도 좌석의 너비가 55센티미터, 좌석 간의 간격도 5.5센티미터로, 새로 지어지고 있는 야구장들을 제외하면 국내에서 가장 넓다는 점이다. 2011년 시즌을 앞두고 이루어진 리모델링의 결과인데, 그 과정에서 단지 넓다는 점 외에도 모든 좌석에 팔걸이와 컵받침이 설치되어 있어 쏟거나 흘릴 걱정 없이 음료수나 캔맥주를 즐길 수 있다는 장점도 갖추게 됐다.

목동 아파트단지

원래 말을 풀어 기르던 곳이라는 의미로 목동(牧洞)이라고 불렸지만 나중에 말들이 사라진 뒤에 나무가 많은 곳이라는 뜻의 목동(木洞)으로 바뀌었다. 영등포 등 서울 남부권과 인천, 김포, 광명 등 경기 서부권을 잇는 점이지대로서 60, 70년대까지만 해도 도심에서 밀려난 철거민이나 지방에서 무작정 상경한 빈민들이 주거단지를 이루고 있던 곳이었다. 하지만 1983년부터 서울 서남부권 신시가지 개발이 시작되면서 대규모 아파트단지들이 밀집한 서울의 대표적인 부촌 중 한 곳이 됐다. 1990년대 후반부터는 유명학원들이 대거 유입되어 자리를 잡으면서 대치동에 이어 학원가가 가장 활성화된 '사교육 1번지'로 유명세를 날리기도 했다.

서울 안에서는 비교적 늦은 시기에 조성된 집단주거단지이기 때문에, 아파트가 밀집해 있으면서도 녹지와 적절히 배합되어 있어서 주거조건이 좋은 편으로 알려져 있다. 하지만 도시계획에 의해 일시에 대규모 개발이 이루어진 지역이라 특히 일방통행로가 많기 때문에 정확한 지리를 숙지하지 못한 채 직접 운전을 해서 들어오는 경우에는 상당히 고생을 하는 경우도 많다.

잠실야구장에 비하면, 목동야구장은 교통이 그리 좋은 편은 아니다. 지하철을 이용한다면 5호선 오목교역이 가장 가깝지만, 야구장까지는 1.2킬로미터가량 떨어져 있기 때문에 걷는다면 15분 정도는 걸린다는 점을 알아둘 필요가 있다(물론 택시를 타면 기본요금으로 닿을 수 있다).

목동야구장으로 가는 조금 색다른 방법도 있다. 바로 자전거를 이용하는 것이다. 목동야구장은 자전거길이 잘 꾸며진 안양천변이 감싸고 있는 위치에 있기 때문에, 구로나 여의도 일대에서 출발하는 이들이라면 자전거를 이용해서도 충분히 오갈 수 있는 조건이 갖추어져 있다. 물론 자전거가 없거나, 조금 멀리서 출발하는 이들이라면 영등포구청에서 제공하는 자전거 무료 대여 서비스를 이용해서 근처에서부터 자전거를 타고 가는 방법도 있다.

영등포구청 자전거 전용 홈페이지(http://bike.ydp.go.kr)에 가입하고 신청을 한 다음 당산역 4번 출구 쪽에 있는 무인대여소에서 자전거를 대여하면, 안양천을 따라 목동야구장까지 10분 안팎으로 도착할 수 있다. 10분 정도라면 특별히 운동한다는 각오 없이 가뿐하게 나서서 안양천변의 시원한 바람을 쐬며 데이트 삼아 페달을 밟아볼 만한 시간이고 거리다. 자전거 대여는 무료지만 만약 분실할 경우에는 그 자전거의 가치만큼 배상을 해야 하기 때문에, 물론 주차와 보관에도 주의를 기울일 필요가 있다.

목동야구장 근처에는 적당한 끼닛거리나 안줏거리를 마련할 만한 곳이 드물다. 가능하면 전철역 근처나 테니스장 앞 주차장 건너편에 있는 〈하나로마트〉 같은 곳에서 미리 장을 봐두는 것이 좋다.

하지만 토요일이라든가, 경기가 일찍 시작하고 일찍 끝나는 날 뒤풀이 겸 맥주라도 한 잔 하고 싶다면 반경 5킬로미터 안쪽에 홍대 앞 유흥가가 있다는 점을 기억해둘 필요가 있다. 물론 야구장 앞에서 바로 길 건너편에 있는 41타워 지하나 근처에서도 물론 간단한 맥줏집 정도는 찾을 수 있다.

Travel Sketch 목동야구장

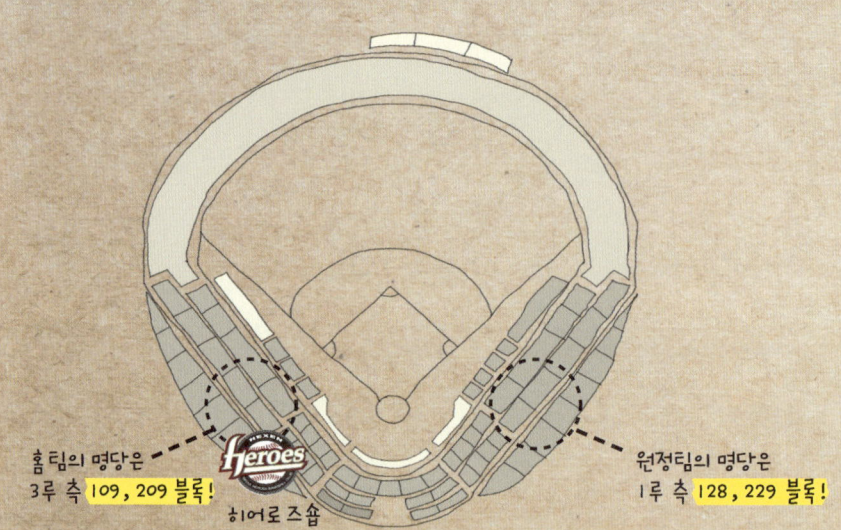

홈팀의 명당은
3루 측 109, 209 블록!

히어로즈샵

원정팀의 명당은
1루 측 128, 229 블록!

주소 : 서울특별시 양천구 목1동 914

전화번호 : 02-2652-3888

홈구단 : 넥센 히어로즈

좌석 수 : 18,000석

가는 방법 : 지하철 ⑤ 5호선 오목교역

버스 간선 163, 571, 603

지선 6637, 6624, 6627

직행 700

TICKET PRICE

(단위 : 원)

구분		주중(화,수,목)	주말(금,토,일)
프리미엄 현대해상 하이카석	일반	40,000	55,000
	어린이	20,000	27,000
현대해상 하이카석	일반	30,000	45,000
	어린이	15,000	22,000
탁자지정석 2층	일반	25,000	40,000
	어린이	12,000	20,000
프리미엄 블루석	일반	17,000	27,000
	어린이	8,000	13,000
블루석	일반	15,000	25,000
	어린이	7,000	12,000
지정석C	일반	13,000	20,000
	중/고/대학생	10,000	17,000
	어린이	6,000	10,000
내야석	일반	10,000	17,000
	중/고생/군.경/경로	8,000	15,000
	초등학생/장애/유공자	5,000	8,000

* 2013시즌 기준.

MUST EAT

- 경기장 내에서 판매하는 <mark>즉석 자장면</mark>
- 경기장 근처 마트에서 간식거리 사기.

MUST DO

- <mark>선유도공원</mark> 산책하기.
- 홍대에서 <mark>거리 공연</mark> 보고 쇼핑하기.
- <mark>영등포 타임스퀘어</mark>에서 쇼핑하기.

AFTER GAME

- 유기농 막걸리와 독창적인 안주로 유명하고 '낮술'이 가능한 <mark>월향</mark>에서 가볍게 한 잔.

  * 월향

  위치: 서울시 마포구 서교동 335-5

  전화번호: 02-332-9202

  인기메뉴: 유기농막걸리, 꿀막걸리

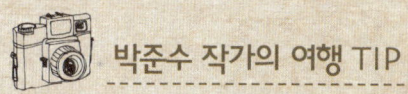# 박준수 작가의 여행 TIP

목동구장에는 외야석이 없다. 구조적인 문제 때문에 대구 구장과 함께 홈팀이 3루석을 사용하는 유이한 구장이다. 타 구단들처럼 대기업의 넉넉한 후원을 받지 못하는 대신, 후원업체 유치와 홍보활동에 적극적인 것이 인상적. 마스코트 턱돌이는 훌륭한 문화상품(?)으로 자리매김한 듯하다. 경기 내내 쉴 새 없이 이곳저곳을 돌아다니는 턱돌이와의 기념촬영은 필수. 캐나다 출신으로 넥센 히어로즈의 유명한 열성팬 '테드쨍' 테드 스미스와의 기념촬영도 재미있는 추억거리다. 서울 지하철 5호선 오목교역에서 직선거리상으로는 가까워 보이지만 공영주차장이 동선을 가로막고 있기 때문에 어느 정도 돌아 갈 각오를 해야 한다. 5호선을 타고 '동대문역사문화공원'으로 바로 이동한 후 옷 구경을 하거나, 주말 경기가 끝난 후 홍대 거리를 걸어보는 것도 좋겠다.

#8
거친 전설의
도시를 물들인
'마린블루'의 새물결
창원 마산야구장

2012년 통합 창원시(마산, 창원, 진해시가 통합함으로써 구성한 인구 110만 명의 거대 기초단체)를 연고지로 하는 프로야구팀 NC 다이노스가 창단되면서 1990년대 초반부터 이어져온 8개 구단 체제가 막을 내리게 됐다. 2012년 시즌에는 선수들을 모으고 조련해 전력을 쌓아올리며 퓨처스리그에 참가했던 NC가 1군으로 승격되는 2013년에는 과도기적인 9구단 체제가 가동되며, KT가 창단할 새 팀이 역시 2군 리그를 거쳐 본격적으로 1군 리그에 참가하는 2015년부터는 드디어 10구단 체제가 갖추어지게 된다. 10구단이라면, 5,000만 명 선에서 정체되고 있는 한국의 인구 수준을 고려할 때, 아마도 '통일 이전에는 변동되지 않을' 완성된 체제로 들어서는 것일지도 모른다는 전망이 적지 않다.

NC 다이노스가 우선 홈구장으로 사용하게 되는 마산야구장은 1982년에 마산시에서 개최된 전국체육대회를 위해 만들어져 그해 9월 24일에 개장했고, 이틀 뒤인 9월 26일에는 롯데 자이언츠와 삼미 슈퍼스타즈의 프로야구 후기리그 경기로 개장기념 경기를 치렀다.

그 뒤로 롯데 자이언츠의 제2 홈구장으로 기능하기 시작했는데, 그때부터 마산야구장은 종종 사회면에 이름을 올리는 악명 높은 곳으로 알려지기도 했다. 롯데 자이언츠의 제1 홈구장이 있는 부산에 비해 결코 모자라지 않는 야구 열기를 가진 마산 시민들은 얼마 편성되지 않는 경기 때마다 그 열기를 집중시켰고, 그러다 보면 뭔가 요란한 사건이 종종 만들어지곤 했기 때문이다. 이미 초만원이 되어 굳게 닫혀버린 경기장 철문이 뒤늦게 도착한 수천 명 팬들의 압박에 부서지며 뚫려버렸던 일이나, 졸전을 벌인 홈팀인 롯데 자이언츠의 선수단 버스가 분노한 관중들에 의해 뒤집혔던 사건들은 이미 전설이 되어버리기도 했다. 실제로 프로야구 1군 경기가 늘 열리는 다른 주경기장들에 비해 관리상태도 조금 떨어질 수밖에 없었고, 안전관리 요원의 수가 부족하기도 했지만, 그런 몇몇 사건들 때문에 마산야구장은 늘 거칠고 험한 곳이라는 인식이 퍼져 있기도 했다.

하지만 NC 다이노스는 2011년 2월에 KBO로부터 창단승인을 받는 대로 곧장 구장 리모델링에 착수해 이전과는 비교할 수 없을 정도로 쾌적하고 멋진 야구장으로 탈바꿈시켜놓았다.

원래 마산야구장은 가파른 각도의 콘크리트 계단에 촘촘하게 좌석을 배치해 앞뒤 간격이 좁다 보니 관객들 사이에 몸의 마찰에서 비롯되는 사소한 시비들이 빈발하던 곳이었다. 하지만 리모델링 과정에서 중간에 한 줄씩의 좌석을 솎아내게 함으로써 넉넉한 간격을 확보하도록 했다. 게다가 여전히 '안전문제'가 제기되기는 하지만 가파른 내야 관중석의 각도는 어느 좌석에서든, 혹은 앞자리에 앉은 이의 머리 크기가 어떻든 상관없이 야구경기를 쾌적하게 관전할 수 있는 넓은 시야를 제공한다는 장점도 만들고 있다.

최근에는 야구장마다 그라운드 안쪽에 설치해 선수들과 같은 거리와 눈높이에서 보다 현장감 있게 경기를 관전할 수 있도록 하는 특별좌석을 만드는 경우가 늘고 있다. 사직야구장과 한밭야구장은 '익사이팅존'으로, 문학야구장은 '프렌들리존'으로 이름을 붙이고 있는 것인데, 마산야구장의 경우에는 그것을 '다이나믹존'이라고 부르고 있다. 특히 마산야구장의 '다이나믹존'은 주루코치의 바로 뒤쪽에 붙어 있을 정도로, 우리나라 야구장들 중 가장 내야 그라운드 가까이에 근접해 있는 것이 특징이다. 선수들과 공의 움직임을 향해 내내 집중력을 유지하기 어려운 어린이들과 함께하는 경우에는 추천하고 싶지 않지만, 좀 더 생생하고 박진감 넘치는 플레이의 순간을 공유하며 경기 자체에 몰입해보고 싶은 젊은이들이라면 한 번쯤 경험해볼 만한 좌석이다.

아울러 최근에 리모델링한 구장답게 마산야구장 역시 '풀 HD급 LED 전광판'을 설치했다. 그런데 마산야구장 전광판에서는 다른 구장과 달리 스트라이크와 볼의 표시 위치를 바꾸어 국제기준에 맞게 '볼-스트라이크-아웃' 순으로 표시한다는 점 정도는 기억해두어야 혼란을 피할 수 있다.

마산야구장에서 가장 먼저 도입한 검은색 안전그물은 포항, 광주, 대전 등으로 전파되며 한국야구장의 작지만 중요한 개선에 기여한 것으로 평가할 수 있다. 원래 녹색 잔디를 배경으로 하는 야구장에서 가장 쾌적한 시야를 보장해줄 것으로 당연히 믿어졌던 녹색 안전그물 대신 마산 야구장이 검은 안전그물을 시공하고, 그것이 오히려 가장 왜곡 없고 피로감이 적은 시야를 제공할 뿐만 아니라 사진을 찍을 때도 피사체의 윤곽과 색을 훨씬 더 선명하게 표현할 수 있도록 해준다는 사실이 입증되면서 다른 야구장에서도 배워가기 시작한 것이다.

실제로 마산야구장에서는 안전그물 너머의 플레이가 좀 더 또렷하게 인식되는 것을 경험할 수 있으며, 그것이 마산야구장에서 야구경기를 관전하다 보면 뭔가 조금 더 상쾌한 기분을 느낄 수 있다는 의견이 많은 것과도 무관하지 않은 것으로 보인다.

그리고 경기장 전체를 도색한 모기업 NC소프트의 상징색인 '다이노스 딥블루'와 '다이노스 블루'도 깔끔함과 함께 마치 탁 트인 해변에 온 것 같은 시원한 청량감을 느끼게 한다(두 가지 모두 파란색 계열인데, '다이노스 딥블루'가 짙은 군청에 가깝다면 '다이노스 블루'는 짙은 하늘색 정도에 해당한다). 그 밖에도 생맥주 공급 장치와 안락한 의자, 그리고 실내 화장실까지 갖춘 4개의 스카이박스는 문학이나 사직의 것보다도 훨씬 쾌적한 가족이나 단체 단위 관람조건을 제공한다.

팬들의 안락한 관람여건 외에 선수들의 안전을 위해서도 여러 가지 노력을 기울였다는 점에서 또한 마산야구장에 높은 평가를 내릴 수 있다. 그 중에서도 가장 중요한 것은 외야수들의 부상방지를 위해 외야펜스의 안전 스펀지 두께를 다른 야구장들의 두 배에 가까운 100밀리미터로 보강했다는 점이다.

펜스의 안전도를 높임으로써 선수들의 부상 위험을 극적으로 낮출 수 있을 뿐만 아니라, 펜스 앞에서도 위축되지 않는 외야수들의 플레이를 유도함으로써 팬들에게 조금이라도 더 큰 즐거움을 줄 수 있다는 점까지 세심하게 살피는 구단이 그동안 많지 않았다는 사실을 깨닫게 한 것도 '아홉 번째 심장'을 자처하는 NC 다이노스의 커다란 기여라고 할 수 있다.

그 외에도 마산야구장이 그라운드의 흙과 마운드의 흙도 끊임없이 바꾸고 실험하고 개발해가며 최적의 상태를 추구하는 '끊임없이 변화하는 야구장'이라는 점은 팬들도 기억해둘 필요가 있다. 마운드나 타석의 흙이 너무 딱딱하거나 너무 무른 경우에는 투수와 타자들이 자리를 고르기 위해 한참

씩의 시간을 허비하게 하기도 하며, 비가 올 경우 경기 진행을 어렵게 만드는 요소가 되기도 하기 때문이다.

인조잔디가 깔려 있는 그라운드는 좌우측 펜스까지 96미터, 중앙 펜스까지는 116미터로 좁은 편이며 펜스의 높이도 2미터에 불과해 홈런이 많이 나올 수 있는 조건을 갖추고 있다. 관중석은 원래 20,000여 개였지만 리모델링 과정에서 14,000개로 줄어들었다. 전체적으로 아담하고 깔끔하고 고급스러운 느낌이 나는 훌륭한 야구장이라고 평가할 수 있지만, 야구열기로 치면 다른 어느 도시에도 밀리지 않을 창원시(옛 마산시)의 야구장이라는 점이 유일한 문제점이라고 할 수 있다. 당장 2013년 시즌부터 적지 않은 경기를 초만원 상태에서 치르게 될 것으로 보이며, 그런 상황에서 경기상황이 끓어오르게 된다면 가파른 경사가 치명적인 안전사고로 이어질 가능성을 배제할 수 없기 때문이다.

하지만 마산야구장이 NC의 주경기장으로 활용되는 것도 그리 오래갈 것 같지는 않다. 창원시는 애초에 9구단을 유치하기 위해 '2015년까지 2만 5천 석 규모의 새 야구장 건립'을 약속했었고, 그에 따라 새 야구장이 지어지게 되면 다이노스 1군의 홈구장이 되고 지금의 마산야구장은 2군 경기장으로 활용되게 되기 때문이다(창원시가 통합된 지역들 간의 안배를 위해 새 야구장을 주변 인구도 적고 교통도 불편한 진해 육군대학 부지에 짓기로 결정하고, NC 측이 차라리 마산구장에 남아서 야구를 하겠다고 맞서면서 이 문제는 표류하고 있다. 물론 2015년까지 완공될 수 있을지도 미지수다. 그런 점에서 마산야구장에서 야구를 보는 기간은 좀 더 길어질 수도 있다).

마산야구장은 교통이 좋은 편이다. 마산역에서 2킬로미터, 마산고속버스터미널에서는 800미터 거리에 있기 때문이다. 따라서 기차역에서는 택시로도 4,000원 이내의 요금에 5분 정도면 닿을 수 있고 고속버스터미널에서는 걸어가더라도 10분 정도면 충분하다.

야구장 안팎에 상점이 넉넉하지는 않지만, 종합운동장 정문 바로 건너편에 대형 마트(홈플러스 마산점)가 있기 때문에 장볼 곳을 찾느라 헤맬 염려는 없다.

마산이 특별히 내세울 만한 음식은 많지 않다. 다만 북동시장에 있는 국밥거리는 나름대로 100여년의 전통을 자랑하는 이 지역의 살아 있는 역사라고 할 수 있다. 국밥골목에는 가끔 소고기국밥을 하는 집도 없지는 않지만 대다수는 돼지고기국밥을 취급한다. 암소가 아닌 황소의 내장과 머리를 여러 시간 삶아서 낸 육수에 선지, 콩나물, 무 등을 넣어 맛을 내는 것이 특징이라면 특징인데, 비교적 저렴한 값(4,000~5,000원)에 비교적 조미료에 의지하지 않는 전통적인 맛을 볼 수 있다는 점이 매력이다.

창원 역시 포구를 중심으로 발전해온 도시이고, 그래서 지척에 바다를 끼고 있는 도시다. 그래서 야구경기 관람을 마친 뒤 얼른 말아먹고 뜨는 국밥보다도, 술 한 잔 곁들여 푸짐하게 식사를 하고 싶다면 어시장의 횟집을 찾아보는 것도 좋다. 야구장에서 2, 3킬로미터밖에 떨어지지 않은 마산항 앞에 마산 어시장이 있는데, 굳이 광어니 우럭이니 고를 필요 없이 '모듬회'를 주문해서 초장이 아닌 된장에 찍어 쌈으로 먹는 것이 그곳의 방식이다.

창원시에서 하루쯤 묵을 생각이라면, 그래서 다시 한나절 정도 시간을 낼 계획이라면 꼭 들러볼 만한 곳이 바로 '돝섬'이다. 누운 돼지(돝) 모양이라고 해서 붙여진 이름인데, 옛 마산의 젊은 커플들이 빼놓지 않았던 대표적인 데이트 코스다.

돝섬은 마산항에 있는 여객터미널에서 카페리호를 타고 들어가는데, 뱃삯은 5,200원 정도로 책정되어 있다. 배가 출발하면 곧 달려드는 갈매기 떼를 만나게 되는데, 새우깡 한 봉지를 미리 준비하면 손바닥 안으로까지 부리를 들이미는 마산 갈매기들의 거창한 환영세례를 받을 수도 있다. 그리고 섬에 도착하면 갖가지 동물 사육장과 조각공원, 국화농원 같은 볼거리, 그리고 요트나 카약을 탈 수 있는 체험시설 등이 갖추어져 있고, 무엇보다도 섬을 일주하며 아름다운 풍광을 즐길 수 있는 산책로가 잘 닦여져 있어 낭만적인 한때를 보낼 수 있다.

Travel Sketch 마산야구장

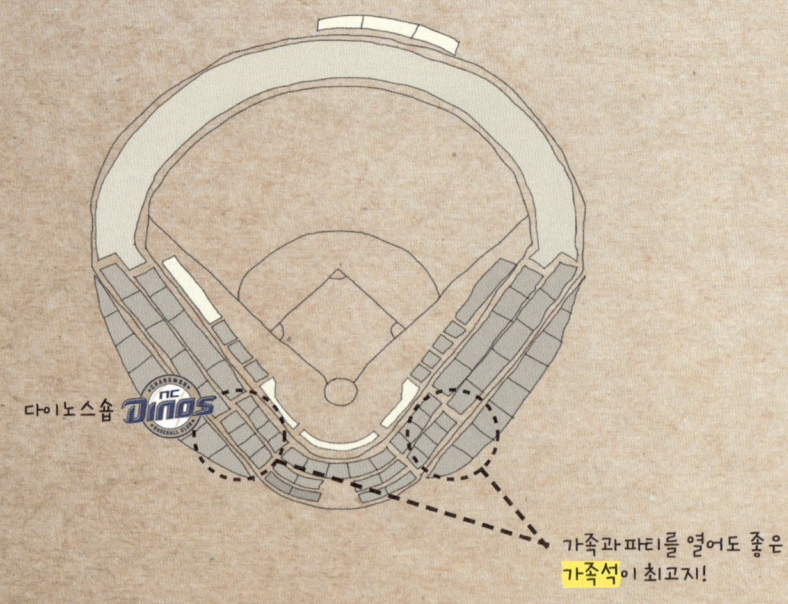

다이노스숍

가족과 파티를 열어도 좋은
가족석이 최고지!

주소: 경상남도 창원시 마산회원구 양덕동 477

전화번호: 055-608-8201

홈구단: NC 다이노스

좌석 수: 14,163석

가는 방법: 버스 일반 53, 100, 160
              좌석 703, 704, 860

TICKET PRICE

(단위 : 원)

구분	성인		어린이(8~13세)	
	GOLD	BLUE	GOLD	BLUE
스카이박스(20인기준)	800,000	700,000	–	–
프리미엄테이블	40,000	35,000	25,000	23,000
필드테이블	35,000	30,000	20,000	15,000
중앙테이블	30,000	25,000	15,000	13,000
다이나믹존	25,000	20,000	13,000	10,000
내야테이블	25,000	20,000	13,000	10,000
응원석	15,000	12,000	8,000	6,000
장애우석(보호자동반)	6,000	5,000	–	–
내야가족석	60,000(4인)	48,000(4인)	–	–
	90,000(6인)	75,000(6인)	–	–
내야지정테이블	20,000	15,000	10,000	8,000
내야지정석	12,000	10,000	6,000	5,000
외야파티석	75,000(6인)	60,000(6인)	–	–
외야지정석	8,000	7,000	4,000	3,000
외야자유석	5,000	5,000	2,000	2,000

* 2013시즌 기준.

MUST EAT

- 경기장 앞 홈플러스에서 필요한 먹거리 모두 사기.

MUST DO

- 마금산 온천관광단지에서 피로 풀기.
- 어시장과 불종거리 구경하고 마산항 야경 즐기기.
- 무학산 둘레길 걷기.

AFTER GAME

- 푸짐한 해산물 안주와 술이 통째로 나오는 통술거리에서 경기 뒤풀이하기.

    * 통술거리

    위치: 창원시 마산합포구 두월동, 신포동, 오동동 일원

    한 상 차림 기준: 4만 원부터

박준수 작가의 여행 TIP

상대적으로 아담하지만 좌석의 편의성에 있어서는 문학구장 못지않다. 1, 3루 테이블 지정석이 높아서 시야를 가리지 않는다. 또한 익사이팅존과 기타 내야석도 자리가 넉넉하다. 관람객들의 편의를 위해 국내 구장 최초로 검정색 그물을 도입했고, 콘크리트 좌석이던 외야에 등받이 좌석을 설치했다. 2013년 프로야구 시즌 개막을 앞두고 1루 응원단장석 앞에 400석 규모의 스탠딩 응원석을 마련했다. 예쁘고 깔끔한 구장이지만, 내부 보수가 필요하다는 지적이 많다. 경사도가 상당히 높고 발 디딜 공간이 좁은 편이라 낙상사고에 주의해야 한다. NC구단은 최상의 경기력을 위하여 메이저리그에서 흙을 공수해올 정도로 만반의 준비를 하고 있는데, 창원시의 정치적 판단에 의하여 신축구장 부지가 입지조건이 열악한 진해로 결정된 것은 매우 안타까운 일이다. 마산고속버스터미널에서 택시로 5분 거리이고 마산역에서는 10, 15분 정도 소요된다. 신포동의 장어구이거리에서 소주를 곁들여 바닷장어를 먹어보는 것도 여행의 잊지 못할 추억거리. 지역 라이벌인 롯데 자이언츠와의 경기는 놓치지 말자.

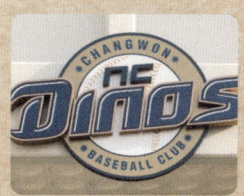

#9
경기도 야구의
새로운 도전

고양야구장과
수원야구장

고양야구장

고양시 대화동에 있는 야구장이고, 정식명칭은 '고양 국가대표 야구훈련장'이다. 명칭대로 비정기적으로 소집되는 국가대표팀의 훈련을 위해, 그리고 평시에는 고양시의 사회인 야구장으로 활용하기 위해 2011년 8월에 개장했다. 그런데 마침 개장이 임박할 무렵에 창단한 국내 최초의 독립 야구팀인 원더스가 고양시와 연고지 협약을 맺음으로써, 지금은 주로 고양 원더스의 홈구장으로 사용하고 있다. 그래서 주중에는 고양 원더스가 편성된 퓨쳐스리그 교류경기가 열리거나 고양 원더스 선수들의 훈련이 이루어지고 있으며, 주말에는 사회인 야구팀들의 경기가 열리고 있다.

고양 원더스는 '독립구단'을 표방하고 있지만 그 위상이 미국이나 일본의 독립구단과는 기능과 위상이 많이 다르다. 다름 아닌 KBO의 제안을 받고 창단한 구단이며, KBO에 입단하지 못하거나 방출된 선수들을 재교육해 다시 KBO 무대로 올려 보내는 역할을 자임하고 있기 때문이다. 미국과 일본의 독립구단들이 말 그대로 기존 프로리그로부터 '독립된' 질서를 만들어가는 것을 지향하며, 그런 가운데 기존 프로리그와 '거래'를 한다면, 고양 원더스는 프로야구리그를 뒷받침하고 지원하는 역할을 하는 '후원구단'이라고 표현하는 것이 보다 적절할 수도 있다.

KBO 소속 구단이 아니면서도 KBO의 퓨쳐스리그 팀들과의 경기가 편성되는 것이 바로 그 때문이다. 하지만 애초에 고양 원더스의 창단 과정에 관여했던 KBO의 담당자들이 모두 교체된 2012년부터 이해가 어긋나기

시작하면서 약간의 파열음이 터져 나오기도 했다. 2012년에 이어 2013년 시즌에도 애초에 창단 과정에서 약속된 '퓨쳐스리그 정식 편입'이 아닌 '48차례의 교류경기(퓨쳐스리그 정식기록에 합산되지 않는 비공식 친선경기)'로 축소 편성되었고, 그것에 대해 고양 원더스 측이 강력히 항의하는 소동이 벌어졌기 때문이다.

 어쨌든 48번의 교류경기 중 30번은 북부리그 팀들과, 18번은 남부리그 팀들과 치르게 되는데, 북부리그 팀들과는 '홈 앤 어웨이' 방식으로 6차전까지 치르는 반면 '비공식 경기에 과다한 원정비용을 치르기 어렵다'고 반

발한 남부리그 팀들과는 고양 원더스가 홈경기를 포기한 채 3차전까지의 원정경기만을 치르기로 하고 있기 때문이다. 그래서 2013년에도 고양 원더스가 고양야구장에서 치르는 퓨쳐스리그 교류경기는 15차례가 된다. 하지만 고양 원더스는 부족한 경기수를 대학팀 등과 연습경기를 통해 보충하고 있기 때문에, 고양 원더스의 홈페이지를 통해 미리 경기일정을 확인한다면 경기 관전의 기회가 조금 더 늘어날 수도 있다.

특히 고양 원더스는 '지옥훈련'으로 유명한 김성근 감독이 지휘하는 팀답게, 원정경기가 없는 날에는 오전 오후 내내 선수들의 훈련이 이어지곤

한다. 그래서 그런 모습을 보기 위해 찾는 팬들도 매일 십여 명에 달한다. 고양 원더스는 독립구단인 만큼 스타플레이어를 보유하고 있지는 못하지만, 조금 더 가까이에서 커나가는 모습을 지켜볼 수 있다는 매력 때문에 조금씩 팬층을 확대해가고 있기도 하다. 물론 선수들로만 국한시키지 않는다면, 김성근 감독이라는 '슈퍼스타'를 보유하고 있기는 한데, 경기 후 관중들이 길게 줄을 서서 김성근 감독의 사인을 받거나 사진 촬영을 하는 것도 고양야구장에서만 볼 수 있는 독특한 풍경이라고 할 수 있다(매 경기 사인을 받고 사진을 찍을 수 있는 시간이 '보장되어 있는' 것은 아니다. 따라서 선수단이나 김성근 감독 개인에게 급한 일정이 있을 경우에는 생략될 수도 있으며, 그렇다고 따로 구단에서 안내를 하거나 공지를 하는 것도 아니다. 하지만 김성근 감독의 팬이라면, 공이나 유니폼, 매직 등을 미리 준비하지 않은 것을 후회하게 될 확률이 좀 더 높다).

연습경기는 상관없지만, 교류경기의 경우에는 2,000원의 입장료가 책정된다. 큰돈도 아니거니와, 입장료 수입 전액이 고양시 지역 다문화 가정 자녀들로 구성된 '무지개 리틀야구단'에 기증된다는 점을 이해하면 기꺼운 마음으로 결제할 수 있을 것이다.

고양야구장은 지하철 3호선의 종착역인 대화역으로부터 1.5킬로미터 거리에 있는데, 마땅한 교통편이 없다. 대화역 앞에서 88번 버스를 타면 다시 800미터쯤 접근하기는 하지만, 큰 의미는 없다. 그래서 대개 승용차를 이용하는 경우가 아니라면 대화역에 내려서 10분 정도를 걸어가는 경우가 많다. 대화역 4번 출구로 나와서 바로 마주보이는 고양종합운동장(축구장)의 맞은편 블록 쪽으로 큰길을 하나 건넌 다음 공용주차장을 가로질러 가

면 찾을 수 있다. 대략 그 무렵부터 안내판이나 안내요원을 만날 수 있으며, 또 그 정도면 멀찍이 야구장 전광판도 눈에 들어올 것이기 때문이다.

고양야구장의 그라운드는 중앙 펜스까지 121미터, 좌우측 펜스까지는 98미터로 비교적 넓은 편이며, 인조잔디가 깔려 있다. 관중석은 원래 개장 당시에는 387석에 불과했지만 고양 원더스의 입주가 결정되면서 곧바로 증설공사를 시작해 1,250석을 구비했다. 펜스 너머 외야 쪽으로는 좌석이 없고, 곧바로 고양 스포츠 타운 내 성저골프장으로 이어져 있다. 그래서 철조망 너머까지 이어진 잔디밭이 시야를 시원하게 하며, 이따금 골프백을 메고 오가는 골퍼들과 시선이 마주치기도 한다.

고양야구장을 찾을 때 가장 먼저 유의할 점은 야구장 주변에 상점이 전혀 없다는 점이다. 교류경기가 열리는 날 고양 원더스 구단 직원들이 간이천막을 차려놓고 티셔츠와 모자 등 기념품을 판매하기는 하지만, 음료수 등 먹거리를 살 수 있는 곳이 없는 것이다. 그래서 뭔가 필요한 것이 있다면 최소한 대화역 근처에서는 해결해야 하며, 대화역 근처에도 편의점 정도 외에는 찾아보기 어렵기 때문에 뭔가 '장을 본다'고 할 만한 일을 하려면 대화역에 도착하기 전 어딘가에서 해결하는 것이 좋다.

또 한 가지, 고양야구장 관중석은 햇볕을 가릴 만한 구조물이 없다는 점도 미리 알아둘 필요가 있다. 내야석은 완전히 노출되어 있으며, 외야 쪽 좌석에는 반투명 아크릴 지붕이 설치되어 있긴 하지만 여름 낮 경기의 따가움을 가려줄 만한 기능은 없다. 그래서 창이 넓은 모자와 선글라스를 준비하는 것이 꼭 필요한 것이 고양야구장이기도 하다.

수원야구장

1989년에 개장한 천연잔디 구장이다. 개장 직후 인천-경기-강원권을 연고지로 삼던 태평양 돌핀스의 제2 홈구장으로 활용되기 시작했으며, 그 것은 현대 유니콘스 시절까지도 이어졌다. 그리고 2000년부터 2006년까지는 서울 입성을 선언하고 인천 연고권을 SK 와이번스에 넘겼지만 때마침 터진 모기업의 자금난 때문에 서울 입성금을 내지 못하면서 표류하게 된 현대 유니콘스가 임시 홈구장으로 활용하기도 했다. 하지만 2007년 시즌을 끝으로 현대 유니콘스가 해체되고, 선수들을 이어받아 재창단한 히어로즈가 서울의 연고권을 얻어 목동야구장으로 입성함에 따라 수원야구장에서 프로야구 경기가 열리는 것도 중단되었다.

하지만 2012년 말, KT와 손잡은 수원시가 프로야구 제10구단의 연고지로 선정됨에 따라 수원야구장에서도 다시 프로야구 경기가 열릴 수 있게 됐다. 우선 2014년부터는 수원을 연고지로 하는 10구단이 참가하는 퓨쳐스리그 경기가 수원야구장에서 열리게 되며, 2015년부터는 본격적으로 1군 경기가 재개될 예정이다.

원래 그라운드는 잠실야구장과 같이 좌우측 펜스까지 100미터, 중앙 펜스까지 125미터의 널찍한 규격으로 완공됐지만 현대 유니콘스 시절 '지키는 야구'를 추구하던 김재박 감독의 요구에 따라 펜스를 전체적으로 5미터씩 앞으로 당겼다. 그리고 관중석 역시 원래 2만 개를 갖추고 있었지만, 개축 과정에서 축소되면서 15,000석 안팎으로 줄어들었다. 하지만 10구단 창단을 앞두고 수원시는 2012년 말부터 수원야구장을 25,000석으로 증설하는 리모델링 공사에 착수했기 때문에 프로야구 경기가 열리는 2014년과 2015년에는 보다 산뜻하고 시원스러운 야구장의 모습을 볼 수 있을 전망이다(또한 수원시는 늦어도 2020년까지는 4만 석 규모의 돔구장을 새로 짓겠다고 밝히고 있기 때문에 만약 그대로 구현된다면 리모델링된 수원야구장은 다시 10구단의 2군 구장으로 돌아가게 될 것이다).

외지에서 간다면 새마을호나 무궁화호 기차를 이용해 수원역에서 내리는 것이 가장 좋다(수원역에도 KTX 기차가 정차하는 경우가 있다. 하지만 출퇴근 시간을 중심으로 상하행선 각각 하루 4대 정도가 편성되어 있을 뿐이기 때문에 야구장 가는 길과는 별 상관이 없다). 야구장은 수원역에서 버스로 20분 안팎의 거리에 있으며, 그 사이에 세계역사문화유산으로 지정되어 있기도 한 화성 유적과 행궁이 자리 잡은 팔달산, 그리고 조선시대 정조 때 조성한 인공저수지인 만석거 등의 관광지를 거쳐갈 수 있다.

수원야구장은 축구장, 실내체육관 등과 함께 묶여 있는 전형적인 공설 스포츠타운인데, 비교적 도심 한가운데 위치하고 있기 때문에 편리한 점이 많다. 예컨대 화성과 만석거 같은 관광지도 야구장에서부터 걸어서 5분 내지 10분 정도면 닿을 수 있는 거리에 있어 시간이 남을 때 부담 없이 들러 볼 수 있으며, 야구장에서 바로 큰 길 하나만 건너면 대형마트(홈플러스 북수원점)에서 장을 볼 수도 있기 때문이다.